易学快修家电丛书

易学快修电动自行车

张新德　张新春　等编著

机械工业出版社

本书以易学快修为主线，突出维修现场，从维修现场的硬件筹备、维修现场的知识储备到维修现场的分步操作，通过"第一现场"形式分章进行讲述。书中首先讲解电动自行车维修现场选址、工具的选用操作、上门维修操作和开业指导，再讲解电动自行车电子技术基础、工作原理概述、元器件功能和维修方法。通过以上两章的学习，广大电动自行车维修人员从事实际维修的准备工作已经就绪，进入实习演练阶段。此时再分三步结合维修现场和案例展示，书中将电动自行车现场维修操作分解成详细说明和演练，使电动自行车维修的理论知识与具体维修操作直观结合，以期达到筹备指导、分步进行、快速推进、现场示范电动自行车维修的目的。书末还介绍了电动自行车资料查阅和易学快修维修经验总结，供广大读者日常参考。本书读者对象为电动自行车维修实习学员、技师学院师生、职业技术学校师生、上门及坐店维修学徒工、售后维修人员、社区电动自行车维修服务人员，另外本书也可作为职业学院实习参考教材。

图书在版编目（CIP）数据

易学快修电动自行车/张新德等编著. —北京：机械工业出版社，2018.4

（易学快修家电丛书）

ISBN 978-7-111-59498-7

Ⅰ.①易… Ⅱ.①张… Ⅲ.①电动自行车-维修 Ⅳ.①U484.07

中国版本图书馆 CIP 数据核字（2018）第 056832 号

机械工业出版社（北京市百万庄大街 22 号　邮政编码 100037）
策划编辑：张俊红　责任编辑：张俊红　责任校对：刘雅娜
封面设计：路恩中　责任印制：孙　炜
保定市中画美凯印刷有限公司印刷
2018 年 6 月第 1 版第 1 次印刷
145mm×210mm · 9.25 印张 · 259 千字
标准书号：ISBN 978-7-111-59498-7
定价：30.00 元

前　言

　　我国电子设备装配调试人员、电子产品维修人员等职业资格证的取消，为广大的从业人员提供了更为广阔的从业机会，同时也需要广大的从业人员具备真正实在的操作维修能力。要学到这些技能，到维修现场去学习维修操作技能则是一种简单直观、快速见效的学习方式，也是理论与实践相结合，学以致用、用以促学的重要环节。许多学电子技术的学员理论知识学了很多，但到实践中却感到力不从心，其原因就在于所学理论与实践是脱离的，没有将理论知识与实践操作完美结合。将所学理论知识与实践通过现场教学的模式进行结合是将理论知识与实践经验进一步结合的有效模式，也是广大学员实习作业的重要一环。

　　鉴于此，我们组织策划了"易学快修家电丛书"。通过快学快修的方式，将安装（需要安装的电器才涉及安装内容）维修技能快速直观地呈现给广大读者，将电器维修的硬件筹备、知识储备、现场分步操作等知识点和操作要领集成于一书，手把手地将现场一线维修操作教给广大读者。使广大读者阅读时有如临维修现场手把手的感觉，同时也能获得一线维修案例的操作要领。希望本套丛书的出版能将电器维修理论与维修实践在一线现场快速呈现，同时也为广大的电器维修实习学员带来切实有效的帮助。

　　本套丛书的特点：

　　1）理论实践结合，突出易学快修理念。

　　2）直观示范性讲解，精选一线维修案例。

　　3）随修随记维修心得，授人以渔维修指导。

　　《易学快修电动自行车》是丛书之一，本书从电动自行车维修现场的硬件筹备、维修现场的知识储备到维修现场的分步操作均做了详细介绍。全书突出循序渐进的讲解模式，体现理论与实践相结合的方式，呈现维修现场学技能的直观性和时效性，将电动自行车维修从开店指导、理论知识到现场操作一一进行解说。让广大实习学员快速入门和提高，弄通实操基础，掌握现场维修实操方法和技能，以弥补电动自行车维修职业技术实习学员、维修店学徒、自学维修人员现场维修类参考书目过少的不足。

　　本书在编写和出版过程中，得到了出版社领导和编辑的热情支持和帮助，张新春、张新德、张泽宁、刘淑华、张利平、陈金桂、罗小姣、张云坤、王光玉、王娇、刘桂华、张美兰、周志英、刘玉华、王灿等同志也参加了部分内容的编写。值此出版之际，向这些领导、编辑和本书所列电动自行车生产厂家及其技术资料编写人员和维修同仁一并表示衷心感谢！

　　由于作者水平有限，书中不妥之处在所难免，敬请广大读者批评指正。

编著者

目 录

第一章

易学快修的硬件筹备

第一节　维修现场选址

　　目前市面上电动自行车的维修场地大多采用门店的形式，有些公司化的维修场地则采用公寓或地层住房的形式，维修场地选址主要是针对门店的选址。维修场地选址是一项科学而缜密的工作，前期往往需要做出大量的市场调查和分析，科学地做出选择。不要错误地认为门店选址是一件小事，很多店铺经营失败都和选址不当多多少少有点关系，甚至有直接的关系。

　　电动自行车因体积较大，拆解和维修的部件较多，同时需要清洗、焊接、换胎、打气、充电等与其他电器不同的维修操作，因此电动自行车维修现场需要较大的门店或空坪。电动自行车维修场地应选用 $30m^2$ 以上的门店或 $60m^2$ 以上地层住房作为维修场地，且门店外面应有足够的空坪作为清洗、焊接、换胎、打气、充电的场地，如图 1-1 所示。

　　若选用住房作为现场维修场地，则应选用地层楼梯房且前方空坪较大的房间作为维修场地。因为电动自行车体积大，质量大，无电推行需要较大的体力，因此选用地层楼梯房方便消费者上门维修。不宜采用电梯房作为现场维修场地。

　　维修场地的选址，首先是

图 1-1　维修场地选址参考

要注意门店或住房附近一定要有足够的人流量和密集的住宅区，交通一定要便利，一个交通不便利的地方，生意是很难做的。门店或住房的位置离在拐角或平房空坪附近较好，因为拐角和平房空坪附近汇聚人流，你的门店才会备受关注。

说到具体的门店选址位置，电动车维修特别适用"角"上或"边"上的铺位，这些地段作为维修场地往往是不错的，一是这些门店的外部场地宽，二是街角汇聚四方人流，人们要立足的时间长，因而街角门店因人流多必带来财气旺。而用地层住房作为维修场地，则选用有点名气的住宅小区较为合适，因为这些住宅小区容易让顾客找到维修点，便于顾客上门。

门店选址还要考虑目标人群，若以充电、换电池为主，则选住宅新区的住户作为目标人群，若以维修电动车为主，则选用密集的住宅老区或多个小区的十字路口的居民作为目标人群。因为老区电动车大多使用了一定的年数了，到了故障多发期，维修的工作量自然要大，多个小区的十字路口往往是电动车的必经之地，居民容易记住你的店面，维修也方便。这是门店选址的重要目标参考。

门店选址不可只考虑位置和目标人群。还要考虑竞争环境位置。如果周围有几家相同的店，那么，作为电动车维修现场来说就不是特别理想的位置，除非你的技术超群，可以让你的对手自动退出。

最后就是现场维修门店或住房的租金和户型的选择，租金当然是同面积越低越好，而户型则应选择带卫生间的、带阁楼或单间地层住房的较为理想。卫生间便于接水清洗电动自行车和顾客方便时使用，阁楼则可收纳多余的维修配件和工具，单间住房便于夜间维修和中午休息。维修电动自行车需要水电设施齐全的住房或门店，这是最基本的要求。

现场维修门店的阴阳面也很重要。在北方，顾客喜欢在街道的阳面走，阴面的客流较少。而南方则是冬天顾客喜欢在街道的阳面走，夏天则喜欢在街道的阴面走。对商家来说，同样的租金，阴面和阳面的门店，营业额却相差两倍的都有，尽量在最聚客的地方或其附近开店。因为店址差一步就会差三成买卖，这与人流动线有关，顾客可能走到这就拐弯了，所以选址时要考虑人流动线会不会被竞争对手截住。

第二节　维修工作台的选用及注意事项

人体是最为常见的静电源，人在活动中都会产生静电，人在干燥环境中活动所产生的静电可达几千伏到几万伏，而大部分电子元器件所能承受的静电破坏电压都在几百至几千伏，例如：肖特基二极管静电破坏电压为 300 ~ 3000V；双极性晶体管静电破坏电压为 380 ~ 7000V；石英压电晶体承受电压小于 10000V。因此，对人体的静电防护是最为重要的。

最有效的防静电措施是让人体与大地相"连接"，保持同电位。具体的解决办法有戴防静电手腕环或脚腕环、穿防静电鞋、防静电服、敷设专用的防静电线路，有条件的在地上敷设防静电地板等。广大的电子维修工作者受条件的限制，无法参照大公司大厂家规范的做法，下面介绍一种简单可行的防静电检测工作台的选用及注意事项。

防静电工作台是由防静电台垫、接地扣、L形接地插座、防静电手环和接地线、防静电手套和带接地线的电烙铁等组成，如图 1-2 所示。

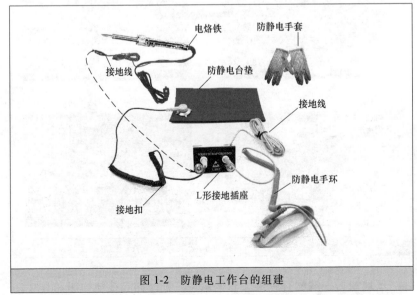

图 1-2　防静电工作台的组建

★ 一、防静电台垫

又称绝缘胶板，主要用导静电材料、静电耗散材料及合成橡胶等通过多种工艺制作而成。产品一般为二层结构，表面层为静电耗散层，底层为导电层。防静电台垫可以释放人体静电，使人体与台面上的 ESD（静电释放）镊子、工具、器具、仪表等达到均一的电位 使静电敏感器件（SSD）不受静电放电现象产生的干扰，从而达到静电防护的效果。

防静电台垫最好不要直接接触高温，电烙铁不用时应置于烙铁支架上，避免温度过高烫坏台垫。

★ 二、接地扣

防静电接地线采用 PVC 及 PU 原料制成，弹性好，配有爪钉，方便直接安装于台垫上，安装方法如图 1-3 所示。

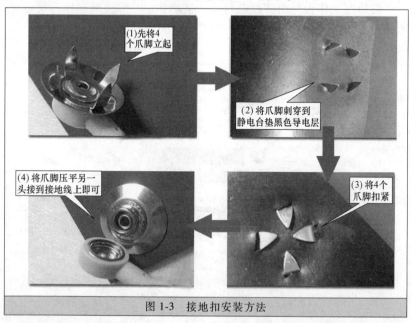

图 1-3　接地扣安装方法

接地线另一端配有香蕉头和鳄鱼夹，方便插入接地插座和直接夹住接地线。注意接地线应与电源线分开，禁止将市电电源地线直接与防静电工作台面地线连接。

★三、L形接地插座

接地插座与手腕带/接地扣等配合使用，手腕带与接地扣的拔掉一端的鳄鱼夹突出的端子插入孔内有效接地。接地插座可安装在工作台及方便接地处。

★四、防静电手环

防静电手环是一种配戴于人体手腕上，泄放人体聚积静电电荷的器件。它分为有线型和无线型，有金属环和橡筋导电丝混编环。使用防静电手环可有效保护零阻件，免于受静电干扰，用以泄放人体的静电。它由防静电松紧带、活动按扣、弹簧软线、保护电阻及夹头组成。松紧带的内层用防静电纱线编织，外层用普通纱线编织。

防静电有线手环的原理是通过腕带及接地线将人体的静电导到大地。使用时腕带与皮肤接触，并确保接地线直接接地，这样才能发挥最大功效。戴上这防静电腕带，它可以在 0.1s 时间内安全地除去人体内产生的静电，接地手腕带是防静电装备中最基本的，也是最为普遍使用的。

使用防静电手环应注意，必须与皮肤直接接触，并确保接地线有效接地，或必须与台垫连接好，这样才能发挥最大功效。

★五、接地线

接地线的一端接 L 形接地插座一端与大地相连，一般用截面大于 $16cm^2$ 的金属，埋于湿地 1m 以下，并引出接线端作地端。

★六、防静电手套

防静电手套通常采用防滑、抗静电材料制成。它具有减少静电电荷产生、积累的特性。防静电手套的主要作用是在对电器的拆装或元器件的检测过程中，防止人体产生的静电对电子元器件可能造成的损害，另外还可防止金属部件对维修操作人员手的伤害。修理中用手拿半导体元器件尤其是集成电路和 MOS 管时，一定要戴上手套。

使用防静电手套应注意以下事项：

1）防静电手套不具有耐高温、绝缘性能。不得用于高温作业场所，绝对不允许作为绝缘手套使用。

2）防静电手套一旦受到割破，会影响防护效果，请勿使用。

3）防静电手套在储存时应保持通风干燥，防止受潮、发霉。

4）使用防静电手套过程中，禁止接触腐蚀性物质。

★七、带接地线的电烙铁

大多数维修人员所用电烙铁的电源线插头为二芯插头，无接地线，这样很不安全，容易损坏集成电路、发光二极管等元器件。改正措施是，应将电烙铁金属头部用导线接地，以防烙铁头漏电，损伤电子元器件。维修电子设备的电烙铁，应当使用带"PE 线"的，即三插脚的电烙铁，以防止静电电压和交流感应电压损坏敏感的电子元器件。同样，用于电子设备维修使用的测量仪表设备（如直流电源），设备的外壳也都应当与 PE 线可靠连接。

使用电烙铁进行焊接工作时，应将电烙铁的接地端子与防静电工作台的 L 形接地插座相连。

对于三芯电源线插头的电烙铁，也应检查电源插座内是否有可靠的接地线，以防接地线虚设。

第三节　维修设备的选用及注意事项

★一、维修测试模块的选用及注意事项

维修测试模块在维修时用来检测交、直流电路的工作电压、电流、波形信号，以及元器件的电阻值、晶体管的一般参数和放大器的增益等。通常维修测试模块是由数字万用表、指针式万用表、示波器等仪器组成，如图 1-4 所示。

使用测试模块测试电子电路时应熟练掌握万用表的使用方法，严格按照仪器的相应操作规程进行检测操作。不正确的检测方法会给设

备、元器件和仪表造成损坏。带电测量过程中应注意防止发生短路和触电事故。

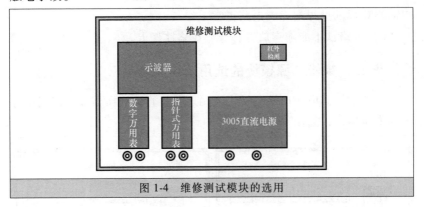

图 1-4　维修测试模块的选用

★二、焊接工具模块的选用及注意事项

焊接工具模块在检修时用来对电子电路故障元器件进行补焊、拆焊等。通常焊接工具模块是由热风枪、风枪温度表、电烙铁和电烙铁温度表组成，如图 1-5 所示。

使用焊接工具时应注意以下事项：

1）选用合适的焊锡，应选用焊接电子元器件用的低熔点焊锡丝。

2）助焊剂，用 25% 的松香溶解在 75% 的酒精（重量比）中作为助焊剂。

3）焊接时间不宜过长，否则容易烫坏元器件，必要时可用镊子夹住引脚帮助散热。

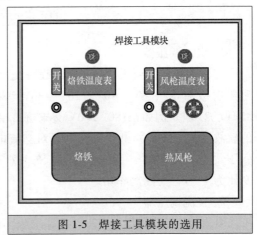

图 1-5　焊接工具模块的选用

4）集成电路应最后焊接，电烙铁要可靠接地，或断电后利用余热焊接。或者使用集成电路专用插座，焊好插座后再把集成电路插

上去。

5）焊接完成后，要用酒精把线路板上残余的助焊剂清洗干净，以防炭化后的助焊剂影响电路正常工作。

6）电烙铁不能随意放置，应放在烙铁架上。

★三、维修电源模块的选用及注意事项

一般的维修电源应该包括交流调压器、直流高压器和直流高压等多种电压输出，如图1-6所示。

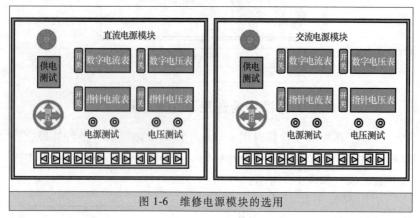

图1-6　维修电源模块的选用

1. 交流调压器

交流调压器主要供给各种电子设备交流电源维修时使用，电源变压器次级有 3V、6V、10V、20V、36V、85V、120V、180V、220V、250V、270V。例如，180~270V 交流输出端可供检修与电源电压有关的软故障，还可检修电动车充电器对交流电压的适应范围。再例如，变压器次级的 220V，可检修电动车充电器开关电源，此时变压器 T1 变比为 1：1，起隔离作用。

2. 直流调压器

直流调压器能提供 5~120V 可调直流电压，可用于检修电路板，也可作为直流 120V 以下各种电子仪器的电源。又例如提供电压可调的双电源，可用于一切具有双电源的电子仪器检修时使用。再例如，提供 90~120V 可调的直流电压，可作为各种电动车控制器主板的维修电源。

第四节　维修工具的准备与操作指南

★ 一、控制器综合检测仪的准备与操作

电动自行车控制器综合检测仪又称修车宝，如图1-7所示，是电动车维修的必备工具。它可以快速检测电动自行车无刷控制器、电动机、转把性能的好坏，判定相位角是60°还是120°及无刷电动机的相位顺序等功能。

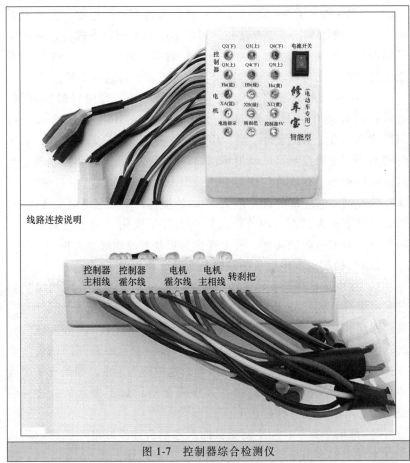

图1-7　控制器综合检测仪

（一）无刷控制器检测及故障识别

1. 连接控制器

1）将检测仪中的"控制转把线"与控制器转把线连接。

2）将"控制器霍尔线"与控制器霍尔线对接。

3）将"电动机控制器公用相线"与控制器三根相线连接。

4）将"控制器电源"与控制器供电电源连接（注意正负极不能接错）。

5）将充电器插孔插到"充电器插座"。

2. 检测控制器

1）确认控制器与检测仪连接正确后接通充电器电源，此时观看面板中"控制 5V"灯是否点亮，如果不亮则不用向下进行，可断定控制器没有控制 5V 输出，为有故障控制器，如果"控制 5V"灯有规律的闪烁，则可以断定控制器 5V 输出正常，可进一步操作。

2）调节仪器面板调节旋钮（控制器转把），顺时针慢慢旋转，此时观测检测仪面板左侧 HA、黄、HB、绿、HC、蓝，这六个灯（HA 黄为一组，HB 绿为一组，HC 蓝为一组）是否交替闪亮，如果灯都不亮，说明控制器已经损坏，如果一组灯不亮则说明控制器上与灯对应的相线没有输出"仪器引出线"与面板所标颜色相对应），需要检修控制器对应部分（一般为 MOS 管损坏；如果三组灯交替闪烁，则看其亮度是否随面板调节旋钮转动而有所变化（由不亮到亮，亮暗区分）若有变化则正常，若无变化为控制器控制部分失控。

（二）检测无刷电动机的故障及自动识别相位角、相位

1）测电动机绕组：用本测试仪的"电动机控制器公用相线"的三只夹子分别连接电动机引出的三根相线（通常为电动机上的蓝、黄、绿粗线），无需考虑颜色和顺序，可以随意连接），然后顺时针转动电动机（沿电动车正常的前进方向转动），可以看到测试仪上第一排三个指示灯（LED）点亮且闪烁，这样即为正常；如果有一个或两个、三个不亮，即为有故障（其中哪个指示灯不亮，那么这一组绕组即为有故障或者有接触不良）。

2）测电子霍尔：用本测试仪的六芯插头连接好电动机的六芯插件（电动机的五根细线，颜色为红、黑、黄、绿、蓝），除了红、黑

必须正确链接以外其他可以随意链接，然后缓缓顺时针转动电动机（沿电动车正常的前进方向），可以看到测试仪的第二排三个指示灯（LED）交替发光，这样即为正常；如果有一个或两个、三个一直不亮或者一直亮，那么这一组霍尔即为有故障或者接触不良。

3）测电动机相位角是60°还是120°：用本测试仪的六芯插头连接好电动机的六芯插件（电动机的五根细线，颜色为红、黑、黄、绿、蓝），除了红、黑必须正确连接以外其他可以随意连接，然后观测仪器中的60°指示灯，灯亮为60°电动机，灯不亮为120°电动机。（无需转动电动机）

【维修日记】 注意：平时不用时请关闭本测试的开关，使用时打开开关（测量电动机绕组时无需打开开关，只有在测量电动机霍尔和电动机相位时才需要打开开关）。

4）测电动机相序。

① 测电动机相序。

a. 检测60°电动机相序。用本测试仪的六芯插头连接好电动机的六芯插件（电动机的五根细线，颜色为红、黑、黄、绿、蓝、），除了红、黑必须正确连接以外其他可以随意连接，然后缓缓顺时针转动电动机（沿电动车正常的前进方向转动），可以看到测试仪的第二排三个指示灯（LED）交替发光，如果从左到右 Ha、Hb、Hc 三个指示灯状态变化为：100-110-111-011-001-000 六个状态循环，如果状态变化顺序相反，则随意换掉黄、绿、蓝中的任意两根引线（此时如果缓缓顺时针转动电动机，可以发现从左到右 Ha、Hb、Hc 三个指示灯状态变化为正确状态，顺序为 100-110-111-011-001-000 六个状态循环）。此时记住测试仪黄、绿、蓝三根细线的正确顺序状态对应电动机的三根细线的颜色顺序，此颜色顺序即为霍尔 Ha、Hb、Hc 的相序。

b. 检测120°电动机相序。用本测试仪的六芯插头连接好电动机的六芯插件（电动机的五根细线，颜色为红、黑、黄、绿、蓝）除了红、黑必须正确连接以外其他可以随意连接，然后缓缓顺时针转动电动机（沿电动车正常的前进方向），可以看到测试仪的第二排三个指示灯（LED）交替发光，如果从左到右 Ha、Hb、Hc 三个指示灯状态变化为：100-110-111-011-001-000 六个状态循环，如果三个指示灯状态变化顺序相反，则随意调换黄、绿、蓝中任意两根引线（此时如果缓缓顺时针转动电动机，可以发现从左到右 Ha、Hb、Hc 三个指示灯状态变化为正确状态，顺序为：100-110-010-011-001-101 六个状态循环）。此时记住测试仪黄、绿、蓝三根细线的正确顺序状态对应电动机的三根细线的颜色顺序，此颜色顺序即为霍尔 Ha、Hb、Hc 的相序。

② 测绕组相序。

通过以上检测，已经知道霍尔 Ha、Hb、Hc 相序，颜色顺序完全一致，因此绝大多数厂家的电动机绕组相序和霍尔相序颜色现在已经搞定。但是有的电动机厂家的电动机绕组相序和霍尔相序颜色顺序不一致（有的相反，有的完全没有规律），那么只要将该被测电动机与标准控制器相连接。因为已经知道霍尔 Ha、Hb、Hc 相序颜色顺序，那么先将霍尔 Ha、Hb、Hc 与标准控制器正确连接，再通过最多六次的不同接法（改变绕组）来判断电动机绕组顺序（正确时电动机运转平稳，无噪声，空载电流较小，一般不超过 1A）。这样所有厂家的电动机绕组相序和霍尔相序颜色顺序就可以搞定。

（三）转把、助力传感器的检测和故障识别

连接被测转把时请先不要打开电池红色按钮开关，把被测转把上的三根线与仪器上的"测转把"连接，连接一定要确认好转把上的三根线，即红色接红色，黑色接黑色，绿色接其他一根，然后打开电池开关按钮，缓缓转动转把，如果看到面板上是"测转把"灯从不亮至渐渐变的最亮，这是一个正转把所有的特征。如果灯从亮到不亮则为反转把。

如果检测时，发现"测转把"灯直亮，说明转把内霍尔元件击穿，若出现微亮，则说明转把内霍尔元件截止不彻底，不能使用。若调节转把"测转把"灯一只没有变化，就说明转把内部磁铁脱落或者霍尔元件损坏。检测助力传感器也是一样，把助力传感器三根线与面板的测转把三根线相连，然后转动脚蹬，会发现"测转把"灯不停闪烁，若不亮或直亮则助力传感器与塑料磁盘有距离或者助力传感器内霍尔元件损坏。

★二、绝缘电阻表的准备与操作

绝缘电阻表又称兆欧表或摇表，维修电动车时用来检测电动机的绝缘电阻。它也分为指针式和数字式两种类型。数字式绝缘电阻表一般采用 LCD 数字显示，体积小、重量轻、操作简捷，适用于各种电气设备的保养、维修、试验及检定中作绝缘测试。检测电动车时常采用数字式绝缘电阻表，如图 1-8 所示为胜利 VC60B+型绝缘电阻表外形实物结构。

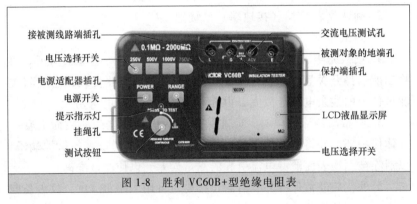

图 1-8　胜利 VC60B+型绝缘电阻表

（一）绝缘电阻表的操作方法

1. 零位校准

功能选择开关置"开"位置，调节机械零位调节按钮使仪表指针校准到标度尺的"∞"分度线上。

2. 测试

首先将仪表"地线"E 端接被测物的接地端（电动车电动机的外壳），"相线"L 端接被测物的线路端（电动机引出线）。再将功能选择开关置所需的额定电压位（双电压机型将选择开关置所需的额定电压位，单电压机型将选择开关置所需的测量量程位），表盘左上角的电源指示点亮（若为数字式绝缘电阻表），则显示屏首位显示"1"），表示工作电源接通。接着按一下高压开关按钮，高压指示点亮，指针在相应测试电压的刻度及相应量程上指示被测物的绝缘电阻值。

数字式绝缘电阻被测物的绝缘电阻值直接从显示屏上显示出来。若被测物的绝缘电阻值超过仪表量程的上限值，显示屏首位将显示"1"，后三位熄灭。

3. 蓄电池检查及更换

对于数字式绝缘电阻表，仪表在接通电源工作时，若显示屏显示欠电压符号，则表示蓄电池电量不足，应及时更换新蓄电池。

（二）绝缘电阻表使用注意事项

1. 确认被测物安全接地，且被测物不带电。

2. 确认仪表 E 端（接地端）已接地。

3. 测试完毕，请及时关闭高压和工作电源。

4. 读数完毕，首先按下开关按钮关断高压，高压指示熄灭。再将功能选择开关置于"开"档，关闭电源。对容性负载，还应将被测试件上的残余电荷泄放完，再拆下测试线，以免电击伤人。

5. 测量高绝缘电阻时，应在被测物两测量端之间的表面上套一导体保护环，并将该导体保护环用一测试线连接到仪表的保护端子，以消除被测物表面泄漏电流引起的测量误差，以使测试准确。

另外，应经常保持外表清洁，必要时可用干净布擦拭。仪表长期不用时，必须将蓄电池取出以免锈蚀仪器，且仪表不得受潮、雨淋、暴晒或跌落等。

【维修日记】 绝缘电阻表在工作时，自身产生高电压，而测量对象又是电气设备，所以必须正确使用，否则，就会造成人身或设备事故。

★ 三、蓄电池测试仪的准备与操作指南

蓄电池测试仪是一种便携式检测蓄电池的仪表，可以测量各种规格的电动车蓄电池和其他用途铅蓄电池的容量状态。在标度盘上直接指示"充足""正常""重充""放完"等，快速直观地对蓄电池作

出质量判断。

　　蓄电池测试仪一般是由直流电压表、负载电阻、外壳和测试夹、触头等组成，仪表标度盘标有各种蓄电池的容量状态指示，以白、绿、黄、红四种区域颜色分别表示"充足""正常""重充""放完"。如图 1-9 所示，为 FY-54B 型蓄电池测试仪实物结构。

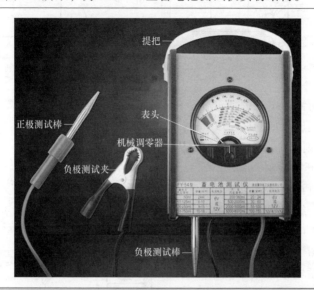

图 1-9　FY-54B 型蓄电池测试仪实物结构

（一）蓄电池测试仪操作方法

　　使用前应先检查仪表指针是否指在标度盘左端的零位上，如不指在零位可旋转表盖中部的调零器，使指针调在零位。

　　1. 蓄电池测试

　　将仪表夹子接蓄电池负极，红色表棒接蓄电池正极，测试 2V 单格蓄电池时读视左端 0~2.5 刻度（数字表示伏特数），如图 1-10 所示。

　　测试单组蓄电池操作方法如图 1-11 所示。测试 6V 蓄电池时按不同的容量读视 6V 箭头所指的 6 条刻度（刻度旁数字系蓄电池的容量范围，如 120Ah 等）。测试 12V 等蓄电池则按不同的容量读视 12V 箭头所指的 5 条刻度。

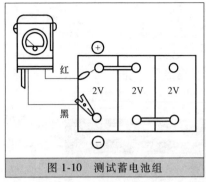

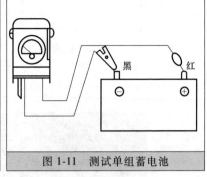

| 图 1-10　测试蓄电池组 | 图 1-11　测试单组蓄电池 |

当所测蓄电池的额定容量和仪表标度盘上所列有出入时，可选读相近的刻度。如测试 150Ah 的蓄电池，读视 120（6V）或 100～120（12V）刻度。

2. 开关检测

蓄电池测试仪与蓄电池配用还可检查电动自行车的前灯开关、尾灯开关、继电器开关、起动开关等各种电器开关的质量。

检查电动自行车的各种开关质量如图 1-12 所示，将仪表开关串接于蓄电池正负极极间，将此时的指示刻度与撤去开关后的刻度（即分别在 A、B 点测量）相比，强相差 3 格刻度以上时表示开关质量不好。读视标度盘中下部的 0～10 刻度。

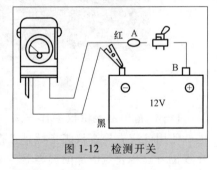

图 1-12　检测开关

（二）蓄电池测试仪使用注意事项

1）每次测试时间不得超过 3s。

2）蓄电池液体不足时不能测试。

3）测试仪下部的锥形触头系与夹子同为负极，测试时也可用该触头测量。

★ 四、绕线机的准备与操作

绕线机是用来维修电动机定子或变压器重新绕制线圈的工具，其类型很多，主要有手摇电子计数绕线机、电子绕线机和电脑编程调速绕线机等类型，如图1-13所示。

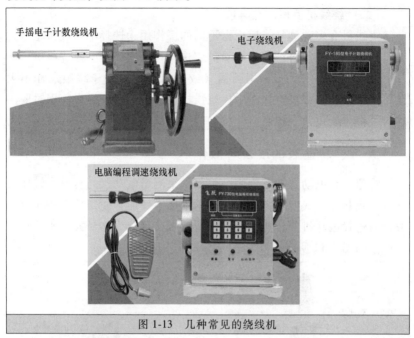

图1-13 几种常见的绕线机

（一）绕线机操作方法

手摇电动计数绕线机由摇手柄主动齿轮传动主轴，通过主动齿轮末头齿轮传动使计数器计数，主轴与计数器轴速比为10：1，当主轴转1时，计数器轴为1/10转、即计数器字母数为1转。

电脑编程调速绕线机采用数码拨码开关，电动机传动，手动排线，可以任意预置绕线匝数，绕制到预置匝数时具有自动停机制动功能。运行时，先预置绕线匝数，再按复零钮，在5位数都显示清零后即可按启动按钮运行，绕到预置匝数时会自动停机制动。若中途需停车可按暂停钮。

以手摇绕线机为例，具体操作方法如下：将手摇绕线机的底座用螺钉固定在台面板为木质的工作台上。使用时用左手板动计数器复位柄复位为00000，要求计数器复位柄板二次，使计数齿轮全部合入复位状态（否则造成齿轮打滑计数不准）。才能开始操作，操作完毕可复0，严禁在运转时复0。

（二）绕线机使用注意事项

绕线机有多种型号，应根据不同的工作用途选择不同规格型号的绕线机，初学电动自行车维修学员应选购一款粗线径手摇绕线机。

电动机的绕组大多采用圆铜（或铝）导线，由于绕组尺寸不大且导线较细，一般可直接在手摇绕线机上进行绕制，但在使用时要注意用手将导线拉紧、拉直，使绕制的线圈层次平整。

★ 五、转速表的准备与操作

转速表在电动自行车维修中主要用来测量电动机的转速。转速表分机械式和数字式两种类型，电动车维修中一般常使用数字式转速表来检测轮毂电动机的转速，数字式转速表又可分为接触式和非接触式两种，如图1-14所示。

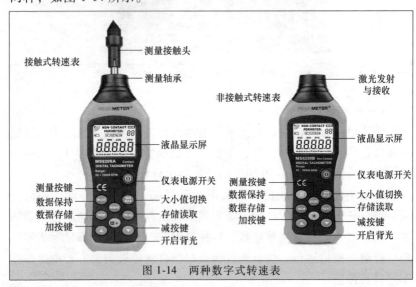

图1-14　两种数字式转速表

（一）转速表的操作

使用转速表检测轮毂电动机时，在轴上贴一块作为标记的反射膜，按下测试开关，使仪器发射的红光对准反射膜位置，调整转速表角度及距离，使转速表的信号接收指示灯点亮，即可高精度地直接读取其转速。

【维修日记】　接触式转速表为使电动机被测轴能够可靠接触转速表都配有不同的接触头，使用时可根据被测对象选择合适的接触头安装在转速表输入轴上。仪器测量时，靠近被测电动机来进行测量，从而得到测试值。

（二）转速表使用注意事项

操作转速表时，应注意以下事项：

1）反射标记必须贴在轮毂电动机的旋转轴上，且反射带的面积不能太小。如果转轴明显反光，要先将其涂黑或贴上黑胶布，再在上面贴反光带。

2）贴反光带前必须关闭待测物体，令其停止转动，以免操作人员被旋转的待测物体所伤。

3）贴反光带的转轴表面必须干净、平滑。

4）在测量低转速时，为了提高测量精度，测量低转速时建议用户在被测物体上均匀的贴上几块反光带，此时显示屏上的读数除以反射带的数量即可得到实际转速的测量值。

5）进行操作测量时，切勿将仪表所发射出的光束直接照射在人或动物的眼睛上，以免对其造成伤害。

6）由于是手持仪表，在某些时候，测量数值会因为操作者的手臂抖动而出现人为误差，故建议在必要时将仪表固定后再进行测量。

7）如果长时间不使用该仪表，应将蓄电池取出，以防电流漏液而损坏仪表。

第五节　维修现场开业指导与上门指导

★一、开业筹备与经营技巧

开一家以电动自行车维修店，首先要做好充分的筹备工作，我们说万事开头难，做好了开店前的准备工作，能为店铺后续的经营锦上添花，可以说是起着重要性的作用。下面介绍开电动自行车维修店需要做好哪些准备工作。

1. 技术准备

必须要有一定的实际维修经验，能够排除电动自行车电路常见故障，能够熟练掌握更换控制器、充电器及蓄电池等换板维修操作。

2. 工具准备

提前准备好数字万用表、绝缘电阻表、蓄电池测试仪、充电器等检测工具和仪表，电烙铁一只，常用的铁锤、活动扳手、尖嘴钳、斜嘴钳、镊子、十字头和一字头改锥等拆装工具，必要的松香焊丝。还需要准备示波器、热风台、绕线机等维修工具。

除上述基本维修工具以外，还需要提前准备一些其他辅助工具，例如打气筒、拔胎扳手、车胎胶片等。

3. 配件准备

手边要备一些常用的电容、电阻、场效应管、电源开关管、电源块、晶振、光耦合器等，以便检查置换之用。如果附近就有电子元器件店，可尽量少配，用时随时去买。

控制器、蓄电池和充电器配件要进齐，要准备 6V/12V/16V/36V/48V/72V/12AH/20AH 等多种规格，以满足不同电动车电源的需要。店内要留部分场地用来摆放蓄电池，新蓄电池与更换下来的旧蓄电池要分开摆放。

4. 营业执照办理

开电动车维修店还需要到工商局（或政府政务中心）进行营业执照的办理和备案。办理电动车维修店营业执照手续简单，费用低廉，只需要几十元钱，以后每年的验照手续也方便。办理电动车维修店营业执照需要的材料是：身份证原件和复印件一份，店铺的场地证明文件（房产证或者土地证复印件、租房合同原件和复印件），证件相片一张。在有的地方还需要资格证或者相关技能的培训资格证。

以上所有的事情办理完毕之后就可以进行开张营业了，经营电动车维修店关键要在技术和服务上下功夫，技术好才有口碑，有人脉才会带来好生意。这也是该行业的主要特点，电动车属于耐用消费品行业，这类客户基本是一年才打一次或几次招呼，接触的频率很低，不像卖米卖粮，卖化妆品等接触频率很高的快消行业。既然客户跟我们接触频率很低，那么客户就不容易记住我们，作为专业电动车维修店在第一次维修时就要作好沟通和服务并留下店铺名片，让客户记住这个店，为今后成为回头客创造条件。因此，给顾客留下好的印象，并做好店面推广和经营技巧非常重要。

下面一些经验可作为参考。

（1）维修技术是第一生产力

由于电动车越来越精细，品种也越来越多，技术越来越复杂，电动车控制器的厂家芯片级技术不断更新，而且有些是需要重写软件程序的产品，小的电动车维修店根本无从下手，这就要求维修者需要学习更多的技术才能维修。目前电动车价格不断往下跌，导致电动车维修行业处于低迷状态，很多从业人员误以为电动车维修行业已是"夕阳行业"。

其实不然。电动车维修的困境只是在于技术越来越复杂了，复杂了就大量换板维修，导致维修价格很高，"修不如换"。因此，经营一个出色的电动车维修店，技术应走在前面，只有平时不断地学习新的技术知识，积累维修经验，才能顺应潮流，创造出更多的财富。

（2）线上线下齐推广

随着网络时代的来临，人们生产、生活已离不开网络，只有深入融合网络才能得到更大的发展。电动车维修行业也一样，客户不再局限于"上门请师傅""电话联系师傅"，开始通过互联网O2O模式预约维修或上门服务。因此，利用新的维修门店开业之际，可在当地有影响力的微信平台、APP维修平台、58同城等网络平台对新开业的门店进行推广介绍，以获得最大的效益。

所谓线下推广，是利用门店开业之前或维修电动自行车的淡季，每个月花上一天的时间走进附近的居民社区对电动车进行义修，给自己的门店树立形象，扩大影响力。注意应选择比较大的老居民社区，离市区公交不太方便的社区，这些社区电动车使用率高，维修的业务量就可能更大。

★二、维修服务收费指导

电动自行车维修服务收费标准见表 1-1。

表 1-1　电动自行车维修服务收费标准

类别	维修项目	收费标准
电路部分	线路故障检测	根据难易程度 10~50 元,部分难度较大的另议
	蓄电池容量检测	拆装费 20 元,放电仪检测四路 20 元,四路以上每多一只蓄电池加收 5 元。保修期以内蓄电池检测出现故障不另收费
	电动机进水维修	电动机拆装 60 元,简易款进水内部处理 10 元,豪华款/电摩内部处理 20 元
	蓄电池	48V/12AH 以旧换新 100 元,48V20Ah 以旧换新 120 元
	控制器	350W 控制器 120 元,500/600W 控制器 160 元,800W 控制器 200 元
	电动机霍尔	简易款更换电动机霍尔 80 元,豪华款/电摩 100 元
	控制器盒	换新 15 元
	蓄电池盒	一般收费 30 元,例如劲豹、金蜜蜂等蓄电池壳
	转把	3 线转把 15 元,5 线转把 20 元,3 档+倒车转把 25 元
	闸把	简易款闸把总成 20 元,电摩 25 元,三轮大把 30 元
	扬声器	2 线扬声器 15 元,5 线/6 线扬声器 20 元,铁扬声器 15 元,倒车扬声器 23 元,扬声器开关 10 元,三合一开关 20 元
	仪表	简易款仪表 30 元,滑板仪表灯总成 60 元
	灯具	三轮前照灯 50 元,三轮前转向灯 10 元,后转向灯 25 元,前照灯泡 10 元,转向灯泡 5 元
	电源锁	小头/中头/大头锁 20 元
	电源	电源插头 15 元,电源插座 15 元
	转换器	30 元
	闪光器	15 元

（续）

类别	维修项目	收费标准
机械部分	加凡士林保养	前轮轴承加凡士林5元,大型三轮,篷车20元,简易款/三轮压力轴承加凡士林5元,豪华款/电摩10元,篷车50元
	制动摇臂轴不回位维修	前轮10元,后轮25元
	补胎	内胎10元,真空胎20元
	内胎	14/16/18＊2.125内胎30元,电动机后胎40元。14/16/18＊2.50内胎30元,后胎电动机40元。14/16/18＊3.0内胎35元,电动机后胎45元。3.00/3.50~10内胎30元,电动机后胎40元。3.00/3.50~12内胎30元,3.75/4.00~12内胎35元
	外胎	14/16/18＊2.125外胎50元,后胎+10元。14/16/18＊2.50外胎60元,后胎+10元,14/16/18＊3.00外胎70元,后胎+10元。3.00~10/12外胎80元真空100后胎+10元,3.50~10/12外胎100真空130,后胎+10元。3.75~12外胎120元,4.00~12外胎140元
	前制动鼓总成	简易款前制动鼓总成为40元,豪华款前40元后50元,电摩前50元后60元
	制动线	简易款制动线前10元,后15元;电摩制动线前20元,后30元
	随动阀	90、100随动闸不带锁60元,带锁随动闸70元,穿电动机线+20元
	制动皮	木兰50制动皮20元,cg125制动皮25元,后轮+10元;130制动皮25元,160制动皮30元
	轴承	建议每次更换一套。前轮轴承一套20元,电动机轴承一套80元,电摩电动机一套100元
	压力轴承	简易款压力轴承35元,包车、三轮45元,大型三轮/篷车价格另议
	车筐	车筐25元,车筐支架5元
	反光镜	普通15元/套,高档25元
	脚蹬	脚蹬10元/套,高档20元/套

（续）

类别	维修项目	收 费 标 准
机械部分	挡泥瓦	前、后泥瓦 15 元，三轮前瓦 20 元，泥瓦支棍 5
	前叉	简易款前叉 70~80 元，三轮双肩前叉 120~140 元
	车座	普通车座 20~25 元，a9 车座 30 元，后坐垫 15 元
	三轮手柄座	25 元
上门服务/救援		据距离收取上门服务费，起步价 20 元，距离较远相互协商，维修费根据实际另计

说明：上述配件均为市场通用配件，含安装费。原厂件、高档配件、异型件价格另议。收费标准是参考了国内部分区域的市场价格整理而来，只能用来为初期开店学员提供参考。考虑维修市场价格存在区域差异，以及维修店铺的运营成本等原因，可能每个地方存在一定的差异，具体价格以当地实际价格为准

第二章

易学快修的知识储备

第一节　电动自行车电子技术基础

★ 一、电动自行车常用电路符号简介

电动自行车常用电路符号见表 2-1。

表 2-1　电动自行车常用电路符号

名称	字母代号	常见电路符号
电阻器	R	R
电容器	C	普通电容器　电解电容器
电感器	L	线圈　　　磁芯线圈
变压器	T	空心变压器　　　铁心变压器
二极管	D、VD、ZD、LED	普通二极管　　稳压二极管　发光二极管
晶体管	VT	PNP型晶体管　　　NPN型晶体管

（续）

名称	字母代号	常见电路符号
晶闸管	V、VT	T_2 / G / T_1
熔断器	F、FU	
蜂鸣器	H、HA、FM、LB、JD	
石英晶振	X、Y、Z	
指示灯	HL	⊗ HL
开关	S、SA、SB	6 单极六位开关　a)　单极四位开关　b)
电动机	M、FM、CM、LM、BD、BDJ、D	M‗ 直流电动机　M3~ 三相交流电动机　M~ 交流电动机　M 永磁直流电动机　M1~ 单相交流电动机　MS1~ 单相永磁同步电动机
热继电器（过载保护器）	KT	动断(常闭)触点

（续）

名称	字母代号	常见电路符号
热敏自动开关 （热保护器）	FR	动断触点
温控器	ST	动断触点 a) 　　先断后合型 b)

★二、电动自行车控制和驱动原理简介

电动自行车控制驱动系统主要是由控制器、电动机、电门锁和调速转把等元器件组成，如图 2-1 所示。其中，控制器和电动机是电动自行车的核心部件。

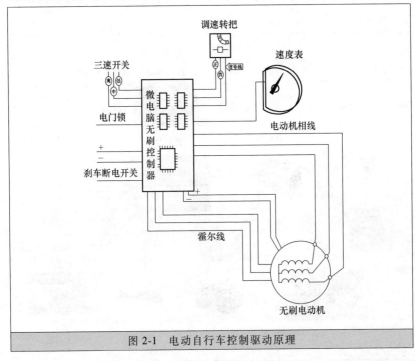

图 2-1 电动自行车控制驱动原理

微电脑无刷控制器是由电阻、传感器、桥式开关电路，以及辅助

单片机或专用集成电路等执行、采样功能器件以及单片机构成。

　　要让电动机转动起来，首先控制器就必须根据霍尔感应到的电动机转子目前所在位置，然后依照定子绕线决定开启（或关闭）MOSFET的顺序，使电流依序流经电动机线圈产生顺向（或逆向）旋转磁场，并与转子的磁铁相互作用，如此就能使电动机顺时/逆时转动。

第二节　电动自行车工作原理概述

★一、电动自行车工作流程简介

　　电动自行车，是指以蓄电池作为辅助能源在普通自行车的基础上，安装了电动机、控制器、转把闸把等操纵部件和显示仪表系统的机电一体化的个人绿色环保交通工具。电动自行车的结构原理如图2-2所示。

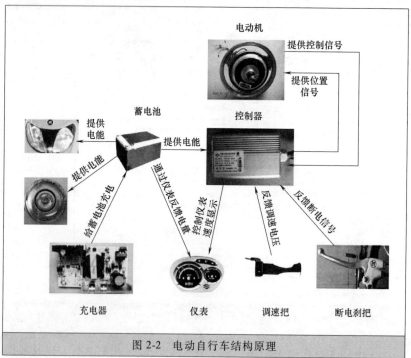

图 2-2　电动自行车结构原理

1）当准备骑车行驶之前，锁匙打开电源锁，控制器得电进入待机状态。

2）当人转动调速转把时，调速信号通过输出引线送往控制器中，控制器根据接收到的信号强弱做出相应的反应，输出驱动和控制电动机旋转的信号。

3）电动机旋转并带动后轮转动，电动自行车起动上路。

4）在行驶过程中，按下闸把时，闸把将制动信号通过信号线送入控制器中，控制器收到制动信号立即发出断开电动自行车电源指令，同时电动自行车后轮中的抱闸动作，实现机械制动。

5）电动机的转速通过仪表显示出当前的行驶速度。仪表又能反馈出蓄电池的电量，告诉用户使用充电器给蓄电池充电。

★二、电动自行车内部框图简介

电动自行车内部框图如图 2-3 所示。

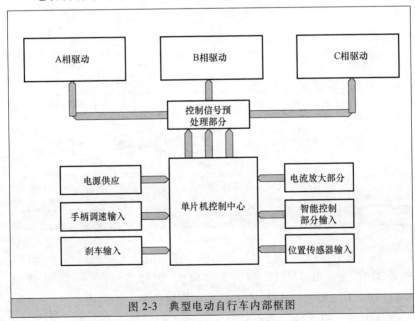

图 2-3　典型电动自行车内部框图

电路大体上可以分成如下五部分：

1）电源稳压、供应部分。

2）信号输入与预处理部分。

3）智能信号处理、控制部分。

4）驱动控制信号预处理部分。

5）功率驱动开关部分。

其中，由单片机组成的智能信号处理、控制部分是电动自行车的核心部分，其他电路都是为其服务或被其控制。

★三、电动自行车易损单元电路简介

（一）电源电路

电动自行车电源电路如图 2-4 所示，控制器主要有三组电源。第一组是提供总能源的蓄电池，该电路中的电解电容由于工作在大电流、高频率、高温状态下，特别对电解电容有损耗较小、耐高温的要求，普通的电解电容容易发生爆裂。

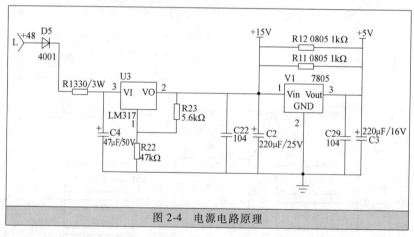

图 2-4 电源电路原理

第二组电源提供 12～15V 的电压，这组电压主要提供给 MOSFET 的开通电压，由 LM317 提供，输出大约 13.5V。另一组电源由 LM7805 提供 5V 电压作为 MCU、手柄控制等的工作电压。

该电路易损元件主要有总电压电路中的电解电容爆裂，提供 5V 电压的调压管周围阻容件虚焊等。

（二）MCU 电路

MCU 电路是电动车控制核心电路，电动车的其他电路都是为其服务或被其控制。如图 2-5 所示，为德国英飞凌半导体公司的 XC846 单片机方案。

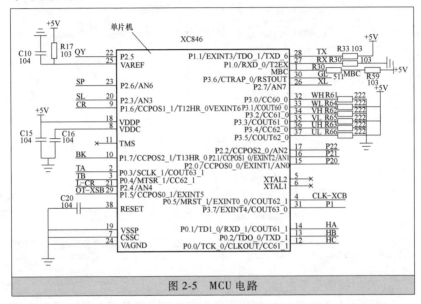

图 2-5　MCU 电路

XC846 单片机集合了智能处理、控制等部分，可输出 6 路独立的带死区保护的 16 位 PWM。电动机的霍尔信号、转把信号、过电流检测信号、制动信号等都直接输入给单片机，由单片机进行处理，并由单片机输出电子换向器三个桥臂的前级驱动信号，以控制电动机的运转。

（三）限电流和过电流检测电路

限电流和过电流检测电路如图 2-6 所示。U3A（LM358）的运放与电阻 R41、R42、R43 等构成过流检测电路。U3B（LM358）的运放与电阻 R45、R46 等构成限电流检测电路。

限电流和过电流检测保护控制是无刷电动机控制器在某一最大限定电流值下工作，对于 36V 控制器，限流值一般在 14±1A，对于 48V 控制器限流值一般在 17±1A。限流保护其实又是过载保护，当上坡、载重必然引起负载加重、电流增大，但电流增大的极限就是限流值。

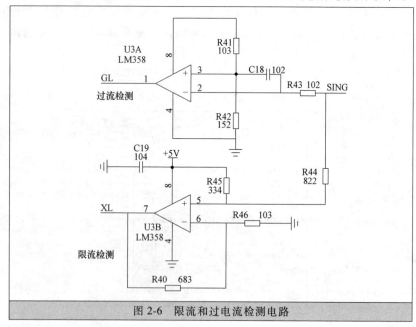

图 2-6　限流和过电流检测电路

（四）　制动信号电路

目前市面上电动车的制动信号有高电平制动信号和低电平制动信号两种，如图 2-7 所示。

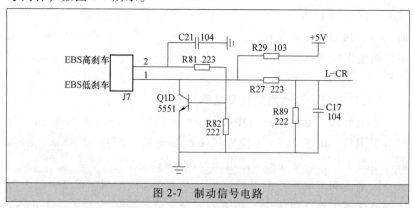

图 2-7　制动信号电路

对于单片机一般只识别其中一种信号，如果采用电平转换电路，则可识别两种电平的制动信号。当 BK 信号端为低电平，则单片机低电平制动输入口得到低电平制动信号，通知无刷控制器完成制动过程。当 HBK 端为高电平时，通过电平转换为低电平，单片机电子制动功能选择口为低，通知无刷控制器完成制动动作。

（五）霍尔信号检测电路

霍尔信号检测电路如图 2-8 所示。

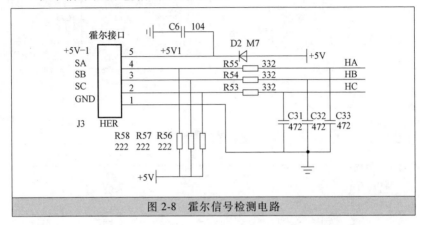

图 2-8　霍尔信号检测电路

电阻 R53～R55、电容 C31～C33 组成霍尔信号检测输入电路，电阻 R56～R38 形成上拉电位，电容 C31～C33 起滤波作用，抑制干扰信号。单片机的 HA、HB、HC 脚分别检测来自电动机内的三路霍尔位置信号，以决定换相时刻。

（六）转把调速电路

电动车调速是由分电器完成的，而分电器是由调速把（转把）来改变供电电压工作的。转把调速电路如图 2-9 所示。转把有效电压 1.1～4.4V，当转把输出电压高于 2.9V 时控制器全开通过。

单片机的转把输入脚不插转把时电压为 0V，插入转把时电压应该在 1.1V 以下，如果高于 1.1V，上电时控制器会进入飞车保护状态。

（七）驱动电路

驱动电路相对复杂，也是容易出故障的地方。通常驱动电路由上管和下管驱动电路组成，且上管和下管驱动电路是分开的。

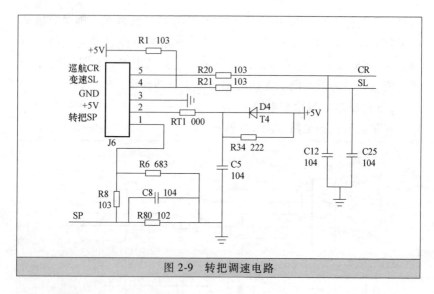

图 2-9　转把调速电路

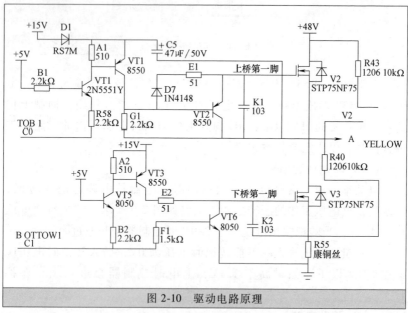

图 2-10　驱动电路原理

　　该电路易损元器件主要为 LM358 芯片、MOS 驱动管以及下桥或下桥晶体管损坏较多见。

第三节　电动自行车主要元器件功能、封装及参考电路

★ 一、A8901 驱动器功能、封装及参考电路

A8901 为三相无刷直流电动机控制器/驱动器，带有反电动势。其内部框图如图 2-10 所示；各引脚功能如表 2-2 所示；参考电路如图 2-11 所示。

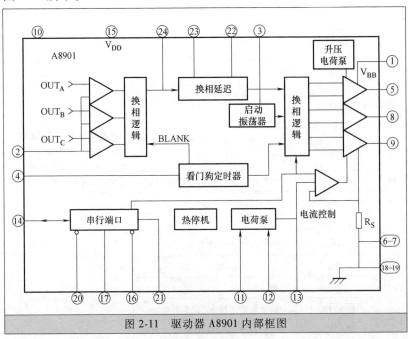

图 2-11　驱动器 A8901 内部框图

表 2-2　驱动器 A8901 引脚功能

脚号	引脚符号	引脚功能	备注
1	LOAD SUPPLY	5V 电动机电源	该集成电路为三相无刷直流电动机控制器/驱动器，带有反电动势。内部框图及应用电路如图 2-12 所示
2	CENTERTAP	电动机中心抽头连接（为反电动势检测电路）	

（续）

脚号	引脚符号	引脚功能	备注
3	C_{ST}	启动振荡器的定时电容	
4	C_{WD}	看门狗定时电容	
5	OTU_A	功率放大器 A 输出至电动机	
6	GND	地	
7	GND	地	
8	OUT_B	功率放大器 B 输出至电动机	
9	OUT_C	功率放大器 C 输出至电动机	
10	NC	空脚	
11	TACH	逻辑电平转速计输入（为速度控制回路）	
12	REF	逻辑电平参考输入（为速度控制回路）	
13	FILTER	模拟电压输入至控制电动机电流	该集成电路为三相无刷直流电动机控制器/驱动器，带有反电动势。内部框图及应用电路如图 2-12 所示
14	DATA	串行端口数据输入与输出	
15	LOGIC SUPPLY	5V 逻辑电源	
16	$\overline{RESET}$	复位	
17	CLOCK	串行端口时钟输入	
18	GND	地	
19	GND	地	
20	$\overline{CHIPSELECT}$	数字写选通输入（低态有效）	
21	READ/$\overline{WRITE}$	逻辑电平输入到控制方向的串口端口数据（逻辑高 = 读、逻辑低 = 写）	
22	C_{D2}	换相电容	
23	C_{D1}	换相电容	
24	FCOM	逻辑电平信号（每一个反电动势过零状态更改）	

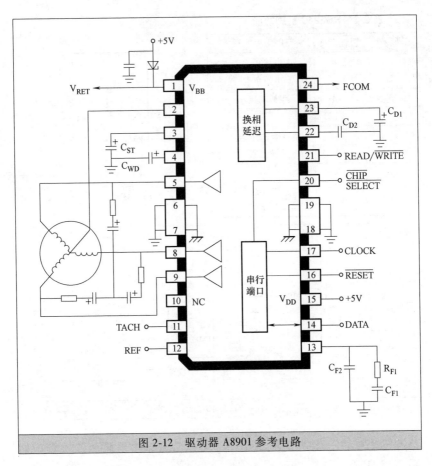

图 2-12　驱动器 A8901 参考电路

★二、HS2240 功能、封装及参考电路

HS2240 是一款无线发码专用集成电路，通常应用于电动自行车遥控器电路中。该集成电路采用 CMOS 工艺制造，拥有 20 位内码，可预烧 100 万组（2²⁰）内码组合，降低了重码率。

HS2240 引脚定义及功能如图 2-13 和表 2-3 所示。

HS2240 参考电路如图 2-14 所示。图中 10kΩ 电阻和发光管串在 Vcc 和地之间，当有按键时，电源接通，指示灯将点亮，也就是说该处的指示灯指示电源是否接通。

易学快修电动自行车

表 2-3 HS2240 引脚功能

引脚序号	引脚定义	引脚功能
1	Vcc	电源正
2	Vss	电源负
3	Txd	编码输出
4	k0	按键输入,内接 下拉电阻
5	k1	
6	k2	
7	k3	
8	osc	单端振荡电路输入, 接电阻至电源

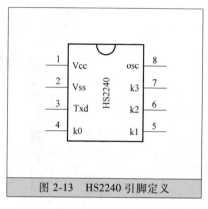

图 2-13 HS2240 引脚定义

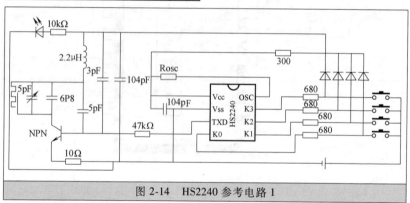

图 2-14 HS2240 参考电路 1

HS2240 另一种典型应用电路,可以节省多个电阻和二极管。如图 2-15 所示。

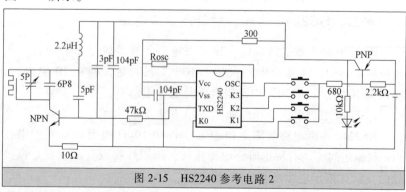

图 2-15 HS2240 参考电路 2

38

★三、HY1908 场应管功能、封装及参考电路

HY1908 是 N 沟道 MOSFET 管，主要应用在比较高档的电动自行车控制器电路中，例如新日变频电动车控制器的功率管。HY1908 最大功率可达到 1800W。

如图 2-16 所示，是 HY1908 的几种封装形式。其测试电路如图 2-17 所示。

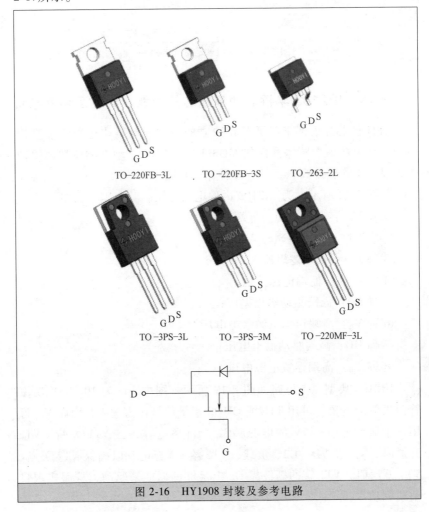

图 2-16　HY1908 封装及参考电路

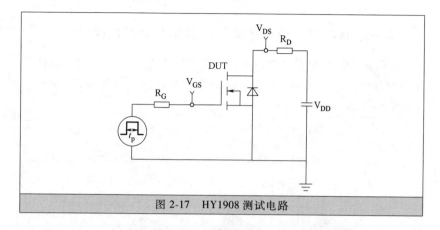

图 2-17　HY1908 测试电路

★ 四、IR2103 半桥驱动集成芯片功能、封装及参考电路

IR2103 芯片内部集成了互相独立的控制驱动输出电路，可直接驱动两个中功率半导体器件如 MOSFET 或 IGBT，动态响应快，驱动能力强，工作频率高，且具有多种保护功能。

如图 2-18 所示，为 IR2103 内部电路框图。其引脚功能如下：

①脚 V_{CC}：逻辑电源与低端电源电压；

②脚 HIN：高端逻辑输入；

③脚 LIN：低端逻辑输入；

④脚 COM：低端电源接地；

⑤脚 LO：低端驱动输出电压；

⑥脚 V_S：高端浮偏电源参考电压；

⑦脚 HO：高端驱动输出电压；

⑧脚 V_B：高端浮置电源电压。

IR2103 典型参考电路如图 2-19 所示。图中 V_{CC} 为 10~25V 功率管门极驱动电源，可用 TTL 或 CMOS 逻辑信号作为输入，因此 V_{CC} 可用一个典型值为 +15V 的电源。C2 为自举电容，当 VT1 关断、VT2 开通时，V_{CC} 经 VD、C2、负载、VT2 给 C2 充电，以确保 VT2 关断、VT1 开通时，VT1 管的栅极靠 C2 上足够的储能来驱动，从而实现自举式驱动。

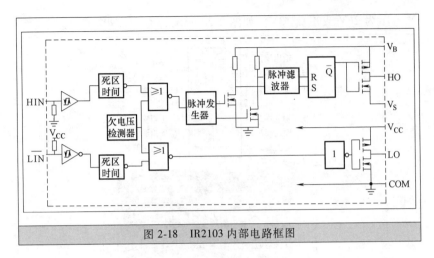

图 2-18　IR2103 内部电路框图

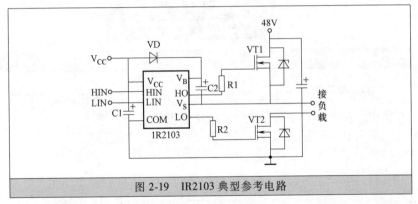

图 2-19　IR2103 典型参考电路

在电动自行车的无刷电动机控制电路中，就是利用单片机去控制三个 IR2103，对于由六个功率元件构成的三相桥式逆变器来说，采用三片 IR2103 驱动三个桥臂是中小型功率变换的理想选择。此类逆变电路中的主电路可将直流电压（+V_{CC}）逆变为三相交流输出电压 U、V、W，送给无刷电动机。由于三相逆变器每个周期总有一个上下管导通，故上管自举电容容易充电，三个上管自举电路可有序工作。

★五、LM2902 电压比较器功能、封装及参考电路

LM2902 是低损耗四运算放大器，采用 PDIP-14 针脚数封装，电

源电压为 26V 或正负 13V。如图 2-20 所示，为 LM2902 实物封装。

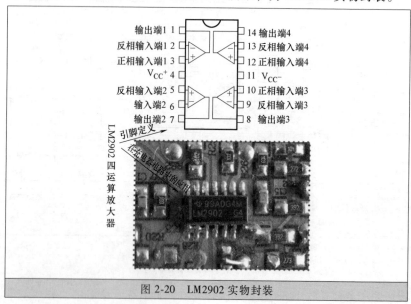

图 2-20　LM2902 实物封装

LM2902 需要正负双电源供电，$+V_{CC}$ 和 $-V_{CC}$ 经过整流滤波提供给 IC 使用。如图 2-21 所示，为 LM2902 的参考电路。

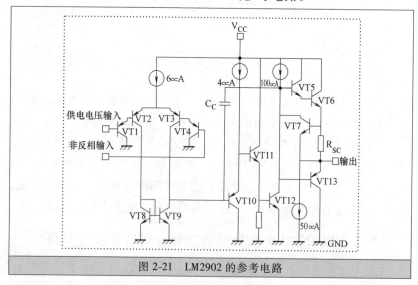

图 2-21　LM2902 的参考电路

★六、LM317 可调节三端正电压稳压器功能、封装及参考电路

LM317 在电动自行车控制器电源电路中使用比较普遍，由 LM317 提供给 MOSFET 的开通电压，输出大约 13.5V。

LM317 封装及参考电路如图 2-22、图 2-23 所示。

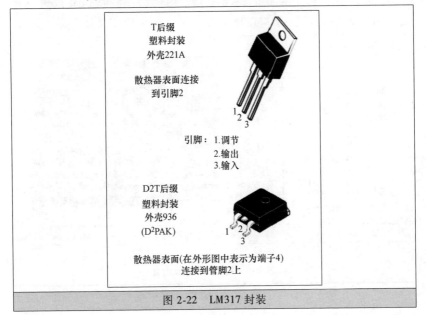

图 2-22　LM317 封装

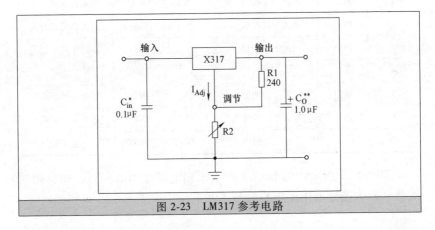

图 2-23　LM317 参考电路

★七、LM324 电压比较器功能、封装及参考电路

LM324 是由四个独立的运算放大器组成的电路。它设计在较宽的电压范围内单电源工作，但亦可在双电源条件下工作，在家用电器上和工业自动化及光、机、电一体化领域中有广泛的应用。

LM324 是由四个独立的，高增益，内部频率补偿运算放大器组成。如图 2-24 所示，为 LM324 实物封装，各引脚定义如表 2-4 所示。

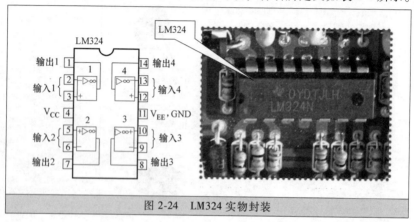

图 2-24　LM324 实物封装

表 2-4　LM324 引脚定义

引脚号	定义	功能	引脚号	定义	功能
1	OUT1	运放 1 输出	8	OUT3	运放 3 输出
2	IN1−	运放 1 反相输入	9	IN3−	运放 3 反相输入
3	IN1+	运放 1 同相输入	10	IN3+	运放 3 同相输入
4	VCC−	电源	11	GND	地
5	IN2+	运放 2 同相输入	12	IN4+	运放 4 同相输入
6	IN2−	运放 2 反相输入	13	IN4−	运放 4 反相输入
7	OUT1	运放 2 输出	14	OUT4	运放 4 输出

如图 2-25 所示，为 LM324 作为单相电源反相放大器、非反相放大器和输入偏置电压跟随器的参考电路。

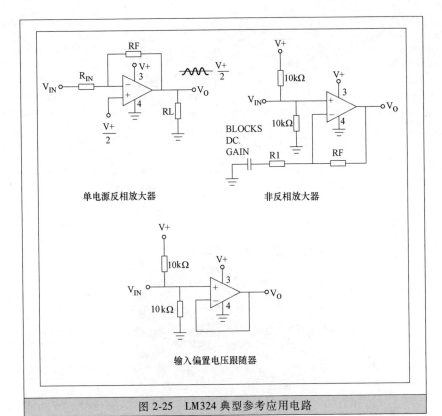

图 2-25　LM324 典型参考应用电路

★八、LM339 电压比较器功能、封装及参考电路

　　LM339 类似于增益不可调的运算放大器，内部装有四个独立的电压比较器，每个比较器有两个输入端和一个输出端，两个输入端一个称为同相输入端，用"+"表示，另一个称为反相输入端，用"−"表示。LM339 集成电路采用 C-14 型封装，如图 2-26 所示为 LM339 电压比较器外形及引脚排列图。

　　LM339 用作比较两个电压时，任意一个输入端加一个固定电压做参考电压（也称为门限电平，它可选择 LM339 输入共模范围的任何一点），另一端加一个待比较的信号电压。当"+"端电压高于"−"端时，输出管截止，相当于输出端开路。当"−"端电压高于

易学快修电动自行车

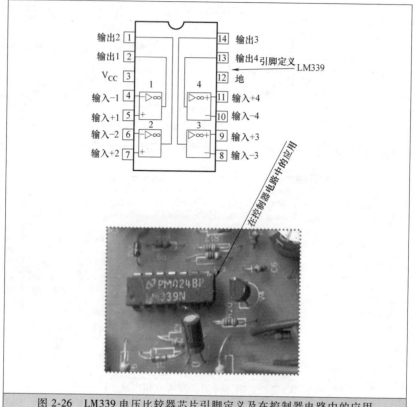

图 2-26　LM339 电压比较器芯片引脚定义及在控制器电路中的应用

"+"端时，输出管饱和，相当于输出端接低电位。两个输入端电压差别大于 10mV 就能确保输出能从一种状态可靠地转换到另一种状态，因此常把 LM339 用在弱信号检测等场合，利用 LM339 可以方便地组成各种电压比较器电路和振荡器电路。

　　LM339 可构成单限比较器、迟滞比较器、双限比较器（窗口比较器）、振荡器等，典型参考应用电路如图 2-27、图 2-28 所示。

★九、LM358 电压比较器功能、封装及参考电路

　　LM358 适合于电源电压范围很宽的单电源使用，也适用于双电源工作模式，在推荐的工作条件下，电源电流与电源电压无关。

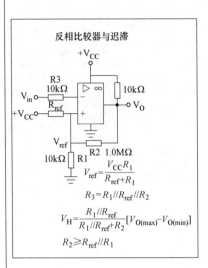

反相比较器与迟滞

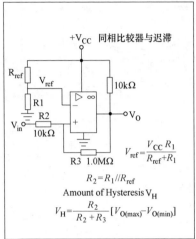

同相比较器与迟滞

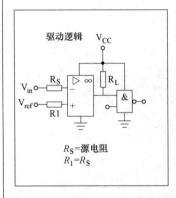

驱动逻辑

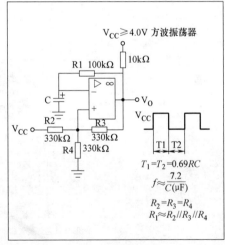

图 2-27 LM339 电压比较器参考应用电路 1

LM358 的封装形式有塑封 8 引线双列直插式、贴片式和圆形金属壳封装等，其实物封装如图 2-29 所示。

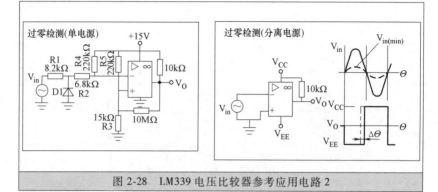

图 2-28   LM339 电压比较器参考应用电路 2

DIP塑封引脚图引脚功能

输出1   1   8   V$_{CC}$

输入1(−) 2   7   输出2

输入1(+) 3   6   输入2(−)

         4   5   输入2(−)

输入A

V$^+$

输出A   1   8   7   输出B

反相输入端A 2   6   反相输入端B

正相输入端A 3   4   5   正相输入端B

地

圆形金属壳封装管脚图

图 2-29   LM358 实物封装

　　LM358 内部包括有两个独立的、高增益、内部频率补偿的双运算放大器，如图 2-30 所示。

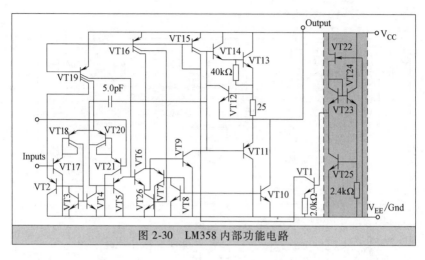

图 2-30　LM358 内部功能电路

LM358 的使用范围包括传感放大器、直流增益模块和其他所有可用单电源供电的使用运算放大器的场合。如图 2-31、图 2-32 所示，为 LM358 作为比较器、放大器、振荡器、信号发生器和滤波器的参考电路。

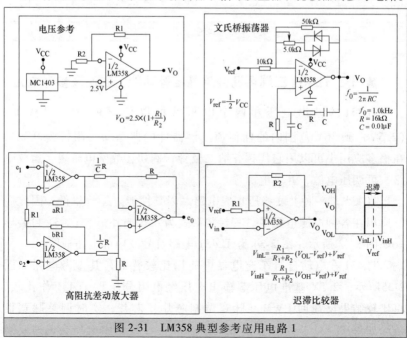

图 2-31　LM358 典型参考应用电路 1

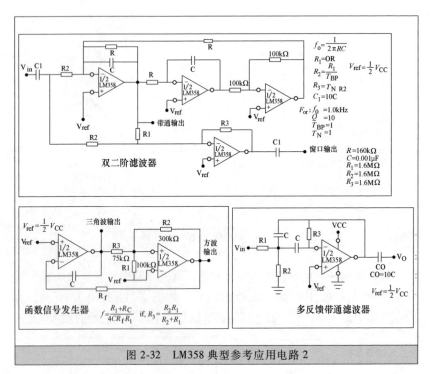

图 2-32　LM358 典型参考应用电路 2

★ 十、TL431 三端可调分流基准源功能、封装及参考电路

TL431 的输出电压用两个电阻就可以任意地设置到从 V_{ref}（2.5V）到 36V 范围内的任何值。该器件的典型动态阻抗为 0.2Ω，在很多应用中可以用它代替齐纳二极管，例如，数字电压表，运放电路、可调压电源，开关电源等。

TL431 是一种并联稳压集成电路。因其性能好、价格低，因此广泛应用在各种电源电路中。其封装形式为双直插外形。TL431 封装形式如图 2-33 所示，图 2-34 为 TL431 电路符号及内部电路框图。

TL431 在电动自行车充电器中使用比较普遍，其参考电路如图 2-35 所示。2.5V 基准电压源输出电压经电阻分压与 TL431 作比较，将比较结果反馈回 PWM（脉宽调制芯片）芯片，实时调整脉宽信号。如果 TL431 损坏，会造成反馈不准，导致输出电压会偏高或偏

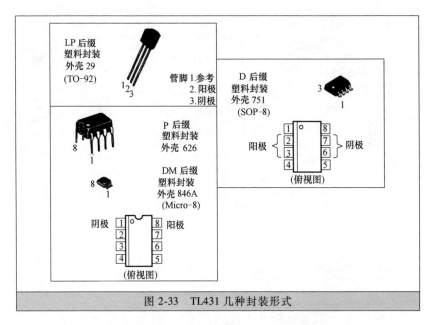

图 2-33 TL431 几种封装形式

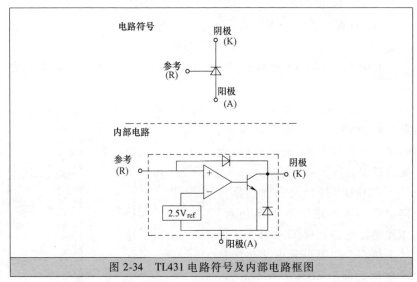

图 2-34 TL431 电路符号及内部电路框图

低，导致负载电路不工作，或者工作不稳定，甚至电压偏高烧坏负载
电路。

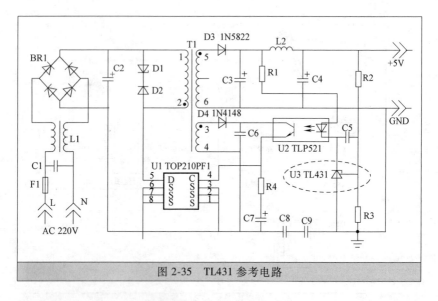

图 2-35　TL431 参考电路

★十一、TL494PWM 模块功能、封装及参考电路

TL494 是一种频率固定的脉冲宽度控制器，主要为开关电源控制器而设计，在电动自行车控制器和充电器电路中均有应用到。

TL494 为 SOT-16 针脚封装，如图 2-36 所示。各引脚定义见表 2-5。

TL494 内部功能电路如图 2-37 所示，它具有两个完整的脉宽调制控制电路，两个误差放大器，一个用于反馈控制，一个可以定义为过电流保护等保护制。

TL494PWM 模块在控制器电路中的参考电路如图 2-38 所示。该控制器电路是以 TL494PWM 模块为核心，主要单元电路包括稳压电源电路、MOS 管功率电路、电动机驱动电路、限流保护电路、欠电压保护电路等。

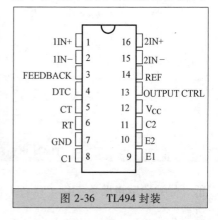

图 2-36　TL494 封装

表 2-5　TL494 引脚定义

引脚号	定义	功　　能
1、2	1IN+、1IN-	误差放大器 I 的同相和反相输入端
3	FEEDBACK	相位校正和增益控制
4	DTC	间歇期调理,其上加 0~3.3V 电压时可使截止时间从 2%线怀变化到 100%
5、6	CT、RT	外接振荡电阻和振荡电容
7	GND	接地端
8、9、10、11	C1、E1、E2、C2	TL494 内部两个末级输出晶体管集电极和发射极
12	V$_{CC}$	电源供电端
13	OUTPUT CTRL	输出控制端,该脚接地时为并联单端输出方式,接 14 脚时为推挽输出方式
14	REF	5V 基准电压输出端,最大输出电流 10mA
15、16	2IN-、2IN+	误差放大器 II 的反相和同相输入端

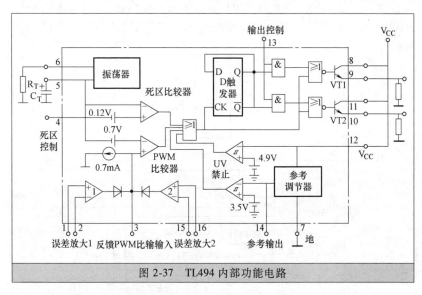

图 2-37　TL494 内部功能电路

★十二、UC3842PWM 模块功能、封装及参考电路

UC3842 采用固定工作频率脉冲宽度可控调制方式,可直接驱动

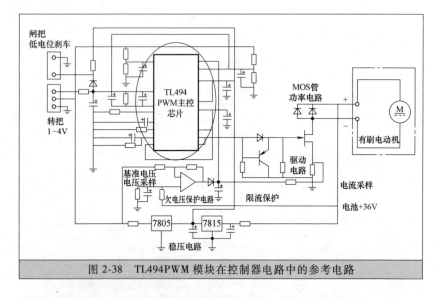

图 2-38　TL494PWM 模块在控制器电路中的参考电路

双极型晶体管、MOSFEF 和 IGBT 等功率型半导体器件。UC3842 采用 SO-8 针脚封装，其引脚定义及内部电路框图如图 2-39 所示。

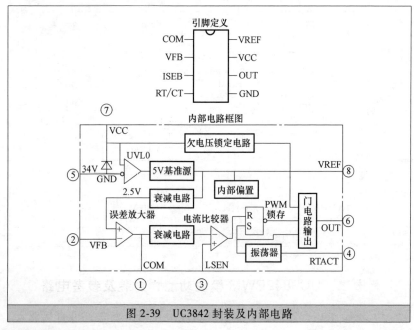

图 2-39　UC3842 封装及内部电路

MC3842 各引脚定义见表 2-6。

表 2-6 MC3842 各引脚定义

引脚号	定 义	功 能
1	COMP	内部误差放大器的输出端,通常此脚与②脚之间接有反馈网络,以确定误差放大器的增益和频响
2	FEED BACK	反馈电压输入端,此脚与内部误差放大器同向输入端的基准电压(一般为+2.5V)进行比较,产生控制电压,控制脉冲的宽度
3	ISENSE	电流传感端。在外围电路中,在功率开关管(如 VMOS 管)的源极串接一个小阻值的取样电阻,将脉冲变压器的电流转换成电压,此电压送入③脚,控制脉宽。此外,当电源电压异常时,功率开关管的电流增大,当取样电阻上的电压超过 1V 时,UC3842 就停止输出,有效地保护了功率开关管
4	RT/CT	定时端。锯齿波振荡器外接定时电容 C 和定时电阻 R 的公共端
5	GND	接地
6	OUT	输出端。为图腾柱式输出,驱动能力是±1A。这种图腾柱结构对被驱动的功率管的关断有利,因为当晶体管 VT1 截止时,VT2 导通,为功率管关断时提供了低阻抗的反向抽取电流回路,加速功率管的关断
7	V_{CC}	电源。当供电电压低于+16V 时,UC3824 不工作,此时耗电在 1mA 以下。输入电压可以通过一个大阻值电阻从高压降压获得。芯片工作后,输入电压可在+10~+30V 之间波动,低于+10V 停止工作
8	V_{REF}	基准电压输出,可输出精确的+5V 基准电压

如图 2-40 所示,是 UC3842 组成的电动车充电器参考电路。其⑧脚输出 5V 基准电压,②脚为反相输入,①脚为放大器输出,④脚为振荡电容 C9、电阻 R7 输入端,⑤脚为接地端,③脚为过流保护端,⑥脚为调宽单脉冲输出端,⑦脚为电源输入端。

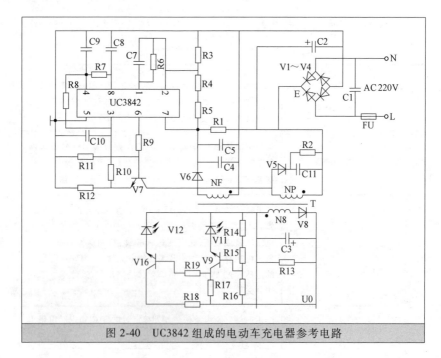

图 2-40　UC3842 组成的电动车充电器参考电路

第四节　电动自行车维修方法

★ 一、电动自行车通用诊断方法

（一）直观检查方法

直观检查方法即对故障电动车检修时使用：看、听、触、嗅四种种检查方法。它是通过人体感观器官接触故障车辆，使维修人员对待修车辆的故障作出初步判断，是检修电动车最直接、最方便、最常用的维修方法。使用此种方法，有时可以快速查找到故障的原因，从而提高维修效率。

1. 看

看，就是通过观察对故障电动车进行初步的检查。一般是对机械故障而言的。如观察车架有无断裂，链条是否过松，有无掉链现象，制动皮是否和车圈摩擦，仪表是否不亮，熔丝是否烧断，接插器的插头是否严重锈蚀，蓄电池是否鼓起、有无漏液，蓄电池连接线是否氧化或松动，车轮气压是否正常，前后轴固定螺母是否松动等等。通过观察即可找到故障部位，为快速维修提供依据。

2. 听

电动车的有些故障在出现时，都会发出各种声音，而通过耳朵即可听出声音出自故障的部位，从而可对其进一步进行检测，最后修复故障。

维修时，通过听电动车各种运行声音，是种经常用到且非常实用的维修方法。例如：曲轴和中轴松动时，致使链条和链罩相摩擦而产生"嗒嗒"的噪声；若听到"吱呀"声时，应检查电动机机转子是否扫膛、电刷和换相器是否因缺油而摩擦严重、磁钢是否松动；若听到噪声来自减振器，则应检查减振弹簧是否缺少润滑油等。

3. 触

触，就是待故障电动车运行停下后，通过用手去触摸感知各部件的温度来判断其是否异常。电动车很多故障都是通过触摸来作出初步判断的。例如：用手触摸电动机，若感觉明显超出正常温度，则可判断电动机工作异常，需要对其检修；平时应经常用手触摸前后轮毂是否烫手，即可检查出轮毂轴承是否损坏；在给蓄电池充电时，用手触摸到蓄电池温度过高，则可判断该蓄电池性能异常；若电动机出现"时转时停"故障时，首先应用手触摸电门锁、接插器是否发热；若发热，则说明是因接触不良而引起电动机出现"时转时停"故障；通过用手触摸，检查各部件的紧固螺钉是否松动等。

4. 嗅

嗅，就是通过嗅觉来检查故障电动车有无异常气味，再找到异味发生的部位。

通过嗅觉查找故障的部位，在电动车实际维修也经常使用到。例如在对电动机进行检修时，若嗅到很大的的焦味，则可迅速判断电动机的绕组匝间短路；在检修充电器不充电的故障中，当嗅到异常的气味时，应拆开充电器外壳，检查电路板上元器件是否已损坏。

（二）测量方法

测量方法在维修电器领域中非常重要，在电动车维修时，更是不可缺少的一门维修技巧。通过测量可以判断各种隐藏的故障及原因，从而快速修复故障电动车。

维修电动车时，经常使用的测量技巧主要有电压测量法、电阻测量法、温度测量法等。通过使用仪表测量电动车的电阻、电压和电流值，与正常值进行对比，从而找出故障部位和故障元器件。

1. 电压测量法

电压测量法是维修电动车最方便、最直接的检测方法，在电动车维修的许多故障中应用到。例如在我们上节中提到的在检修电动机不转的快修方法时，通过测量调速转把输出的控制电压即可迅速找到故障原因；又如在检修电动车调速失灵的快修方法时，通过万用表对蓄电池电压进行检测，即可判断蓄电池是否异常。

特别是在检修电动车的控制器和充电器故障中，使用电压测量法进行检测，更能迅速检查出故障原因，提高维修工作效率。

例如：在检修充电器不充电的快修方法时，使用电压测量法测量充电器有无输出电压，则可迅速判断充电器是否存在故障；在检修电动机失控的快修方法时，使用电压测量法测量控制器输出端有无电压输出，则可准确地查出故障原因，迅速修复故障；检修充电器不充电时，可使用电压测量法测量充电器输出电压来判断充电器是否存在故障。

另外，通过电压测量法还可以判断出电动机的相位，判断霍尔组件是否损坏，电动机断相等。

2. 电阻测量法

电阻测量法也是维修电动车最常用的维修方法之一。即利用万用表电阻档对电路、元器件的电阻进行测量，来判断其电路或元器件是否有故障。电阻测量法分在路检测和开路检测两种方法。使用电阻测量法能迅速查明电动车故障部位，对故障电动车予以快速修复。

例如：在电动车整车无电的故障维修中，用电阻测量法测量电源开关的输入端与输出之间的电阻值，即可判断电源开关是否损坏，还可测量熔丝、电门锁是否断路；在电动车出现驱动无力的故障检修中，使用电阻测量法来测量电动机绕组绝缘电阻是否合格，从而判断该电动机绝缘是否良好；在电动车电动机运转不正常的故障检修中，用电阻测量法，对电动机三个绕组进行测量，判断绕组匝间是否存在短路或断路；使用电阻测量法在检修无刷电动车的电动机时，通过测量三根传感信号输出线对地和5V供电之间的电阻值，即可判断控制器是否损坏等。

3．温度测量法

温度测量法在电动车维修中也常常使用到，它是通过测量电动车上部件的温度来判断电动机、控制器的功率放大器、充电器的电源开关管等主要部件故障的原因及具体故障部位。例如在电动机发热故障检修中，可使用温度测量法来判断发动机是否存在发热故障。

在电动车维修中，当感觉发动机或充电器等部位温度过高时，可通过用手触摸来测试，或带温度测量功能的万用表进行测量。但必须先进行断电，最好使用非接触式红外线温度计来进行测量（如图2-41所示），以免发生触电事故。

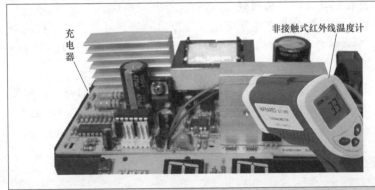

图2-41　使用非接触式红外线温度计测量充电器温度

（三）替换方法

在电动车维修中，当怀疑某零部件有问题时，将其拆卸下来，采用一个相同型号、相同规格、性能良好的零部件替换，若能排除故障，则说明原零部件已损坏。

替换技巧在维修电动车时经常使用到。例如，当怀疑电动车性能老化的电动机、蓄电池、转把、控制器、充电器存在故障时，都可以使用新的或性能良好的相同部件去替换，从而可以以最快速度对故障加以确定。

（四）开路检修方法

开路检修技巧就是在维修电动车时，将某些接口或电路中某个关键点，再或者将某个零部件断开，通过观察断开后电动车的反映，从而确定故障范围或判断故障点的一种方法。

例如，若断开电动机插接件后，熔丝管不再烧断，则说明该电动机存在过流故障。同样，若断开控制器后，熔丝管不再烧断，则说明控制器存在故障。

又例如，在检修电动机不转故障时，脱开制动把的接插器后，若电动机能够正常运转，则说明制动把存在故障，应对制动把进行维修或更换。

（五）短路检修方法

短路检修方法与开路检修方法刚好相反，它是将某些关键点短接，通过观察其反应，从而确立故障范围的一种方法。

例如，在维修电动车整车无电的故障时，当怀疑电门锁存在故障时，可用一根导线将电门锁短接，若能消除故障，则说明电门锁开路。

又例如，在维修制动后不能断电的故障时，若将控制器接制动把线的黑色引线对地短接后，若故障排除，则说明故障出在制动把上，应检修或更换制动把。

★二、电动自行车通用维修技巧

（一）先外后内

电器有不少故障，都有其外部表现。不同的外部表现就反映出相应的内部元器件的不良。诊断和检查故障时，要从机外开始，逐步向内部深入。例如：先检测控制器外部各接线端子电压是否正常；充电器输入、输出电压是否正常；电动机相线、霍尔信号电阻值是否正常；通过确定外界与内部元器件的线路连接异常由外到内进行故障的判断。

（二） 先清洁后检测

电子电路的不少故障，都是由于工作环境差而引起的，例如高压部分脏污会导致高压打火、可调电位器脏污引起各种可能出现的软故障等。据此，在检查故障时，首先应把机内清洁干净，排除了由污染引起的故障后，再动手进行检测。特别在进行电动机解体维修过程中，更加要注意保持维修场地和机内的清洁。

（三） 先简单后复杂

故障中，单一原因或简单原因引起故障的情况占绝大多数，而同时由几个原因或复杂原因引起故障的情况要少得多。因此，当某电器件损坏后，首先要检测可能引起故障中那些最直接、最简单的故障原因，绝大多数经此处理之后都能找出故障原因，当经上述步骤仍未找到故障点，表明所出故障是由一些较复杂或其他原因引起的，不过这种情况在维修中遇到的并不多。

（四） 先普通后特殊

在维修过程中，对普通的带共性的故障要优先考虑排除，然后再考虑个别特殊的故障。普通的带共性的故障，既容易发现，也容易排除，而且在排除一个故障的同时，还可以排除其他故障。

（五） 先电源后负载

电源系统是整机的能量供给中心，电源供给电能，负载消耗电能，依靠电能工作，负载的绝大多数故障往往是电源供给不畅通所致。因此，在检寻故障时，应首先检查电源电路，确认供电无异常后，再进行各功能电路的检查。

（六） 先静态后动态

所谓静态，就是电路处于不通电的状态，也就是在切断电源的情况下先行检查，如连线是否正确、各插座是否接触良好、器件内有无断线及焊接不良、元器件有无烧黑及变色等。"动态"就是指待修机处于通电状态，动态检查必须经过静态时的必要检查及测量后才能进行，绝对不能盲目通电，以免扩大故障。

第三章

易学快修第1步——故障记录与拆装机

第一节　电动自行车故障询问与记录

★一、坐店维修故障询问与记录

搞修理行业，除了技术之外，关键是为人勤快、态度和气、多与用户沟通。维修之前要做故障询问和记录，同时聊些家常生活，以加深与用户之间的感情。

用户送电动自行车（送店维修的电动自行车大多是故障还没完全暴露的电动车，车还能正常行驶的较多）来之前，要询问用户之前的故障现象是什么，故障发生之前做了哪些操作，有没有拆机之类的操作。询问后同时观察电动自行车的外表有没有什么明显的损坏迹象，试车空转仔细"看""听""摸"，以便发现故障部位。同时做好记录，现在手机很方便，也是维修的必备工具，用手机中的记事本功能（如图3-1所示）就可记录故障询问的细节，节约了纸笔，而且查起来也很方便。

不过电动车上门维修的情况很少（除非车辆在路上抛锚），坐店维修的情况较为多见。目前市面上大多将电动车保养、充电、电动车配件出售、蓄电池修复配租与坐店维修电动车结合起来经营（如图3-2所示），这样在没有维修业务时，就可在门店经营电动车配件、保养电动车，修复蓄电池再出售和配租蓄电池，这样又可增加额外的营业收入。

★二、上门维修接机询问技巧

虽然电动自行车上门维修的情况不多，但是也是不能忽视的一项业务，如何接机和询问也有很多的技巧。当你接到一个维修电动车的

达丽雅电动车换控制器接线图

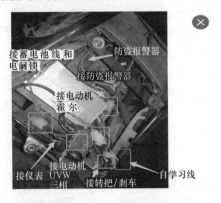

接蓄电池线和电门锁
防盗报警器
接防盗报警器
接电动机霍尔
接仪表
接电动机UVW三相
接转把/刹车
自学习线

图 3-1　用手机中的记事本功能进行记录

图 3-2　将坐店维修电动车与其他业务结合起来经营

电话时，你必须问一问。

一是了解电动车大概：要修什么牌子的电动车、是二轮的还是三轮的、是在路上还是在家里，离维修店多远。

二是出现了什么故障现象：如能不能行驶、电控开关能否打开，面板有没有相关故障代码提示等。大致确定故障范围，以方便携带工具和备件。

三是具体地点：在什么地方、什么路、什么村和门牌及姓名，你能在什么时间到现场去修是关键的，75%的用户是不问价格的，有25%的用户要先问价格是多少。价格不能"凭空"下结论，要现场检查后再定价格，但上门费是多少要事先告知对方。

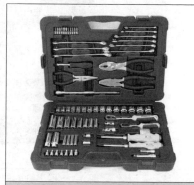

四是现场检查后，大致知道故障部位和需要更换的元器件，告诉对方维修价格，问对方修不修。对方确认后，再拆机维修。维修前一定要带好电动车维修专用工具箱（如图3-3所示）。

图3-3　电动车维修专用工具箱

第二节　电动自行车坐店易学快修拆装机

★一、飞轮的拆装

（一）飞轮的拆卸

由于飞轮与电动车右侧螺柱的结合为正丝，在长期使用中会越来越紧。拆卸时可用一个尖头冲子冲击飞轮端面的凹槽，飞轮轴即可拆下。具体拆卸方法如下：

1）首先断开蓄电池供电开关（或接插线），关闭电源。

2）摘除链扣、取下链条。

3）打开控制器盖板，用专用工具取出电动机接线插头，除掉电动机的引线夹，抽出电动机的引线。

4）松开后挡泥板支撑紧固螺母。

5）松开后轮毂紧固螺母，取下后轮及后轮上的抱（胀）闸，将装有制动的一侧平放在木头上，飞轮那面在上，制动那面在下。

6）将尖冲子置于飞轮端面的凹槽处，用榔头逆时针敲打，即可卸下整个飞轮，如图3-4所示。

图3-4　拆卸飞轮示意图

7）如果整个飞轮打不下来，就要对飞轮解体。具体办法：用尖冲子置于飞轮端面的凹槽处，用榔头顺时针敲打，如图3-5所示。先取下飞轮盖，再依次取出弹珠、齿轮、千斤簧。然后用平冲子打飞轮底座缺口，用榔头逆时针敲打，即可取出飞轮底座。

图3-5　分解飞轮示意图

（二）飞轮的安装

1）安装新飞轮之前应先将新飞轮内螺纹涂上凡士林或机油。

2）顺时针装至原飞轮位置。

3）用手旋紧即可（不需用榔头），装上后轮，用脚踩几下脚蹬就紧了。

★ 二、前叉的拆装

（一）前叉的拆卸

前叉连接车轮和车把，位于车轮的上方，车把的下方。其种类很多，拆卸方法各不相同，下面介绍两种电动车常见前叉的拆卸方法。

1. 普通前叉的拆卸方法

如图 3-6 所示这类型普通前叉，拆卸时，首先使用内六角扳手松开钳形制动皮螺栓，取出制动皮，再松开前轮紧固螺母，取出前轮总成，然后拆下车把把心螺栓，取下前叉锁紧螺母，即可从下部抽出前叉和前叉挡碗。

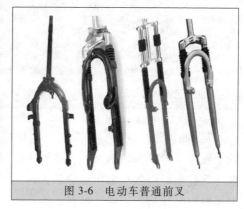

图 3-6　电动车普通前叉

2. 液压前叉的拆卸方法

液压前叉目前在电动自行车中使用较为普通，它由方向柱和两根铝制的液压减振器组成。拆卸方法如图 3-7 所示，首先卸下前照灯面板，再拧掉方向柱的锁紧螺栓，然后使用大活动扳手拧松五件碗上碗螺母，拆下与电动车支架的固定螺钉，接下来使用内六角扳手拆出方向柱与液压减振臂的四个固定横销螺栓，最后拆下前轮轴两侧的大螺母，即全部可卸下液压前叉。

（二）前叉的安装

安装前叉方法与拆卸方法反过来即可。但在安装前应先检查前叉下挡碗和钢珠球架（如图 3-8 所示）与方向柱有无磨损现象，如果发现有磨损严重的情况，应该更换新的挡碗，反之，会引起转向沉重。然后将轮胎按箭头为前进方向安放到位，最后将锁紧螺母和车把螺栓拧紧即可。

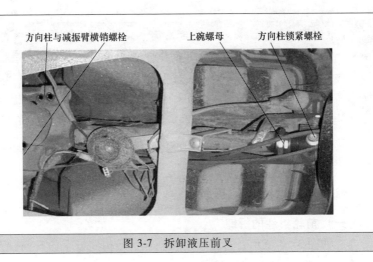

方向柱与减振臂横销螺栓　　　上碗螺母　　方向柱锁紧螺栓

图 3-7　拆卸液压前叉

　　若安装的为液压前叉还应对方向柱和减振臂进行检查，看方向柱有无变形，减振臂有无漏油现象。若有这些现象，必须更换，以免引起骑行时方向跑偏、发抖、转向沉重、方向杆震手等故障。安装时先将双减振臂安装到前轮轴上，如图 3-9 所示，紧固好前轮轴两侧的两个螺母和轮毂上的四个固定螺钉。将双减振臂安放到方向杆带丝的螺纹孔内，使用内六角扳手拧紧四个横销螺栓，最后锁紧上碗螺母，拧紧方向柱螺栓。

图 3-8　电动车前叉碗件

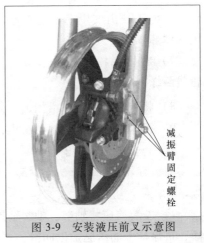

减振臂固定螺栓

图 3-9　安装液压前叉示意图

【维修日记】 1. 装好前叉后应调整轴承的间隙，并正确装配挡碗不能一边高一边低，其间隙的大小，以转动车把感觉到无较大的轴向间隙，也不感觉沉重为合适。也不允许有较大的轴向间隙，以免降低推力轴承及挡碗的使用寿命。

2. 车把把心螺栓一定要紧固，反之，将出现车把与前叉转角的不一致性，引起翻车的危险。

★ 三、前轮组件的拆装

（一）前轮组件的拆卸

1）如图 3-10 所示，首先使用活动扳手或梅花扳手松开前轴两端自锁螺母，顺开口方向将前轮组件从前叉上取下来。

2）将前轴上的左右轴挡取下。

3）从前轴碗中抽出前轴。

4）从轴碗中取出前轴滚珠。

5）用干净的棉布或纸巾擦拭干净并保管好。

6）松开气门嘴螺帽，使用气门芯扳手拧出气嘴芯，把轮胎内气体释放完。

7）利用撬棒将外胎卡边从轮毂侧缘撬起。

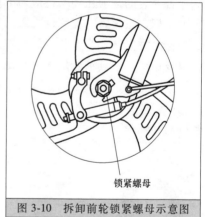

锁紧螺母

图 3-10 拆卸前轮锁紧螺母示意图

8）将卡边沿轮毂外沿抽出，即可取下外胎。

9）最后将气嘴从轮毂上推出，取下内胎。

（二）前轮组件的安装

安装前轮组件的方法与拆卸工序反过来即可。但安装时必须注意以下几点：

1）安装前应将轴碗、轴、轴挡、滚珠上的油污、渣滓等清理干净，再涂抹上润滑脂加以润滑，才能安装。

2）安装时应按规定调节轴挡松紧度，过松容易引起前轮飘动，过紧则会使骑行感觉费力。

3）前轮锁紧螺母的旋紧力矩应≥18N·m（非前轮驱动）。

4）安装前胎内气体必须全部释放干净，操作时防止工具划伤内胎，应小心沿轮毂套入外胎内，注意观察外胎体不可在外胎内部形成折叠、扭曲等情况发生。

5）在给车胎加气时应适度，不可过高或过低，加完气后还应检查是否气门芯是否拧好，有无漏气，最后拧紧气门嘴螺帽。

★ 四、后轮组件的拆装

（一）后轮组件的拆卸

1）首先取下蓄电池盒将车子翻转悬空垫好（勿使车把和后工具箱碰地），拆下链条挡板；

2）将轮毂线与控制器连接插头拔掉（注意拉线方式，以免损坏引线）；

3）拆下闸盒定位夹紧固螺钉并松开绳钉，抽出制动拉索；

4）用专用扳手松开两侧锁紧螺母（如图3-11所示），然后依次拆下挡泥板支架固定螺母、衣架腿固定螺母、脚蹬、链条、胀闸等组件，最后即可拉出后轮。

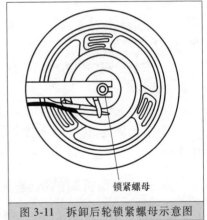

锁紧螺母

图3-11 拆卸后轮锁紧螺母示意图

（二）后轮组件的安装

后轮组件的安装方法如图3-12所示，具体操作步骤及注意事项如下。

1）首先将飞轮装入电动机轴身左侧，使用专用扳手紧固好。

2）将胀闸芯部装入电动机轴身右侧并使用扳手紧固，安装上胀闸盒。

3）将后轮装入车架后平叉开口处并调整好，依次将挡泥板支架、衣架腿、脚蹬套入后轴棍并适当紧固后轴螺母。

图 3-12　安装后轮组件方法示意图

4）最后挂上链条并调整好松紧度，紧固好后轴螺母即可完成全部安装。

5）安装时应注意后轮与车架、平叉间隙左右要对称，同两边的相对偏差不能越过 3mm。

6）安装过程中应将电动机线从护套线缺口处拉出，不得使电线弯折、磨损。

7）安装完后应转动后轮，检查其与电动机有无摩擦。

8）后轮固定螺母最好使用扭力扳手紧固，拧紧力矩应达到 30.0N·m。

★ 五、电动机轴的拆装

电动自行车的电动机定子与中轴（电动机轴）连接成一体，两者结合紧密，更换电动机轴对于新手来说会一时束手无策无从下手，下面就介绍两种拆卸电动机轴的方法。

（一）不用工具拆卸电动机轴方法

经验丰富的电动车维修工在不需要工具的情况下，也可将电动机轴安全地拆卸下来，方法如图 3-13 所示，具体操作步骤如下。

1）首先在地上垫上铁砧。

2）将电动机定子从电动轮毂中卸下，如有卡簧应先去掉卡簧。

3）用双手握住定子的两边对准铁砧用力向下撤。

4）待定子与电动机轴脱落到一定程度，换用一只手握住上部一截电动机轴用力往下撬，即可卸下电动机轴。

（二）利用空心钢管拆卸电动机轴方法

利用空心钢管拆卸电动机轴的方法如图 3-14 所示，具体操作步骤如下。

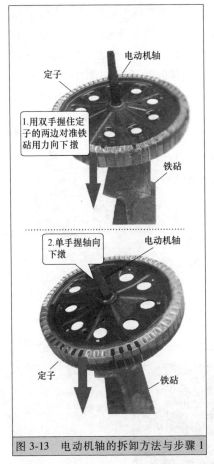

图 3-13　电动机轴的拆卸方法与步骤 1

图 3-14　电动机轴的拆卸方法与步骤 2

1）首先准备好铁锤和大小合适的空心铁管。

2）将电动机定子从电动轮毂中卸下，如有卡簧应先去掉卡簧。

3）将空心钢管套在待拆电动机轴的下部，并与定子同置于铁砧上。

4）用铁锤向下用力砸电动机轴的上部，即可卸下电动机轴。

★ 六、仪表板的拆装

（一）仪表板的拆卸

拆卸电动自行车仪表板时应先拆下仪表与蓄电池的连接，再使用十字螺钉旋具旋出仪表板支架的固定螺栓，即可迅速拆下仪表板。而对于有些仪表板还需拔掉各电路插接件和元器件，然后才可拆下仪表板总成。例如，有些电动车仪表板上装有闪光器（如图 3-15 所示），它是用来提供转向灯灯泡间隙电压，以便能使转向灯闪烁。拆卸时，要记下闪光器外壳的引脚正、负极标注，以便安装时避免接错。

（二）仪表板的安装

将仪表板安装到电动车车架原来的位置上，对好支架螺纹孔，使用螺钉旋具紧固好固定螺钉。然后连接与仪表相关的转向电路、灯具电路、速度电路等插线。对于有些电动车的液晶数显式仪表板，其功能比较多，还应插好累计里程、电量、继电器、闪

图 3-15　电动车闪光器

光器、助力信号、显示速度调整电位器等电路的电源插线和信号插线（如图 3-16 所示）。最后才能接上蓄电池的电源。

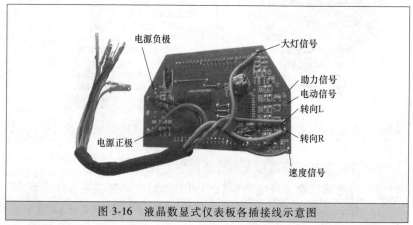

图 3-16　液晶数显式仪表板各插接线示意图

（三）仪表板拆装注意事项

1）拆卸仪表板时，应先卸下蓄电池的连接，而安装仪表板时，应在所有连接线都连接好后，最后才能连接蓄电池的电源线。其操作方法顺序相反。

2）拆装时，一定要注意各引线的颜色与位置，参照各仪表的电路原理，了解各引线的功能，防止接错。

3）由于仪表电路是一种开放式电路，绝大多数仪表电路上也同时集成了扬声器电路、转向电路、蜂鸣器电路、灯具电路等。这些电路的电压一般为蓄电池组的电压（24V 或 36V），但仪表的显示信号电路一般为 15V，这就会在同一块仪表板上存在着高低电压并存的情况，因此在安装过程中，必须用万用表的二极管档测量一下 +36V 线、+15V 线、+12V 线与地线，在没有短路的情况下，才能与蓄电池进行通电。

4）在安装液晶数显式仪表板时，手不能接触电路板上的元器件，以免烧坏电子元器件。

★七、转换器的拆装

（一）转换器总成的拆卸

将转换器从电动自行车电路中拆下来非常简单，只需先关闭电动自行车的电源，然后拔掉转换器与蓄电池及各功率器件的插接件，最后卸下转换器外壳的固定螺钉即可将其取下，如图 3-17 所示。

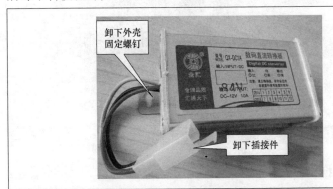

图 3-17 拆卸转换器总成

（二）转换器电路板的拆卸

检修转换器电路板需要将转换器用十字螺钉拆开，先卸下一侧的 4 个固定螺钉，再卸下另一侧的 4 个固定螺钉，即可将控制板从外壳中取出，如图 3-18 所示。

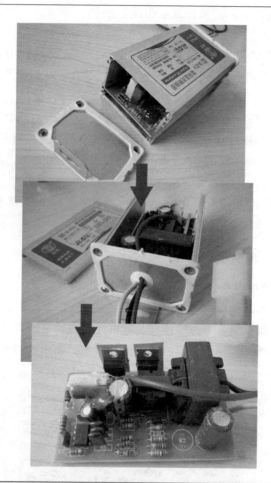

图 3-18　拆卸转换器

（三）转换器的安装

更换新的转换器之前，应先选择与电动自行车规格型号相匹配的转换器，建议选购一种 24V/36V/48V/60V/72V/84V/96V/108V/120V 转 12V 通用转换器。

转换器的安装非常简单，线路的连接如图 3-19 所示。

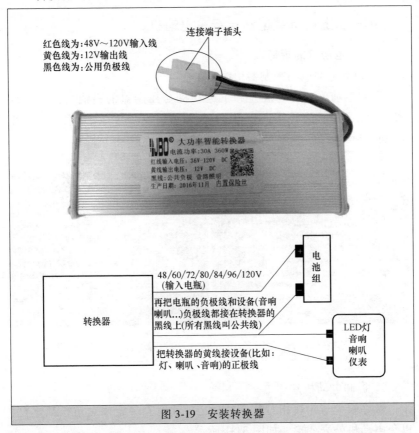

图 3-19　安装转换器

1）将转换器的红线接蓄电池的正极线。

2）将转换器的黄线接设备（譬如：灯、扬声器、音响）的正极线。

3）将蓄电池的负极线和设备的负极线均接在转换器的黑线上（所有黑线称公共线）。

4）需要注意的是，转换器的连接不能接错，特别是正、负线不能反接，否则，会立即烧坏转换器。

第三节　电动自行车上门易学快修拆装机

★一、上门拆装电动自行车电动机

（一）电动机的拆卸

1. 卸下电动机与控制器引线

拆卸电动机之前，应先卸下电动机与控制器的引线，如图 3-20 所示。注意要记录下电动机引线与控制器引线颜色的对应关系，防止安装时出错。

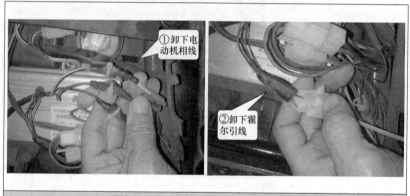

①卸下电动机相线

②卸下霍尔引线

图 3-20　卸下电动机与控制器的引线

2. 拆卸电动机端盖

做好端盖与轮毂相对位置的标记。注意：一定要对角松动螺钉，以免电动机外壳变形。如图 3-21 所示。

3. 卸下电动机定子

将电动机线的反面一端朝工作台上或地面轻轻地"撤"，当听到端盖有松动的迹象时再稍微加重点力"撤"一下，手顺势压下去（防止又吸回来），即可将轮毂与定子分离，如图 3-22 所示。

【维修日记】　值得注意的是，打开电动机端盖之前应先清洁场地，以防止杂物吸附在电动机内的磁钢上。

图 3-21 拆卸电动机端盖

图 3-22 卸下电动机定子

（二）电动机安装

1）电动机转子与定子的径向间隙叫气隙（空气间隙），一般电动机的气隙在 0.25~0.8mm 之间，当拆卸完电动机排除了电动机故障之后，一定要对原来的端盖记号进行装配，这样可以防止二次装配后的扫膛现象。

2）安装电动机的时候，首先应清理电动机部件表面的杂质，以免影响电动机的正常运转，并且一定要将轮毂体固定结实，以免安装时由于受磁钢的强力吸引，造成部件相互撞击、损坏。

3）在组装有刷电动机之前，请检查刷握里面弹簧的弹性，检查电刷与刷握是否有碰擦，检查电刷在刷握里是否能达到最大行程，注意电刷与换相器的正确定位，以免卡坏电刷或刷握，如图 3-23 所示。

4）如果有刷有齿轮毂电动机与无刷有齿轮毂电动机运行的噪声开始变大，或者更换了电动机内的齿轮，应将齿轮所有齿面涂满润滑脂，一般使用 3 号润滑脂或厂家指定的润滑油，如图 3-24 所示。

图 3-23　检查有刷电动机电刷组件

图 3-24　齿轮电动机结构

【维修日记】　安装无刷电动机时，只有将 8 根线都连接正确，电动机才能正常运转，若电动机反转有两种办法解决：一是把后轮反装；另一种是将电动机的粗线 A、B 互换插件，霍尔信号细线 SA、SC 互换插件。

★ 二、上门拆装电动自行车控制器

（一）控制器的拆卸

1. 熟悉控制器基本连线

拆卸控制器之前应弄清楚基本的连线，如电源正、负接线，电动机的两根粗线，3 根调速转把线，闸把制动断电线、电源锁线、仪表接线等。特别要分清霍尔调速转把速度接线，确认哪一根是电源+5V 线、调速控制信号线和接地线，闸把制动线是高电平还是低电平控制等。如图 3-25 所示。

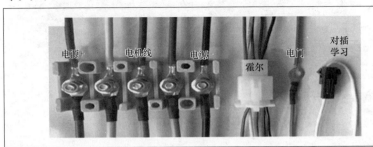

图 3-25　控制器接线图

2. 拆卸控制器总成

首先扳下断路器开关，将电门锁旋转于"OFF"位置，关掉蓄电池电源，然后就可以卸下控制器电源正、负接线，电动机、调速转把、闸把制动等插接件。最后即可取下座垫内的控制器总成。

3. 拆卸控制器控制板

检修控制器控制板需要将控制器用十字螺钉旋具拆开，先卸下一侧的 4 个固定螺钉，再卸下一侧的 5 个螺钉，即可将控制板从铝壳散热外壳中抽出。如图 3-26、图 3-27 所示。

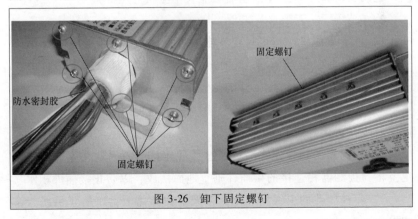

图 3-26　卸下固定螺钉

检修控制板时，应注意不要损坏防水密封胶和密封垫，故障排除后，最好用防水硅胶再次做好防水保护措施。

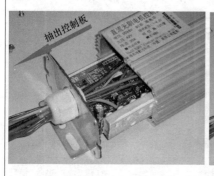
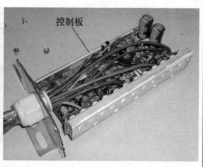

图 3-27　卸下控制板

（二）控制器的安装

1. 选用相匹配的控制器

更换的控制器注意一定要选用与电动机电压、功率相匹配，最好选用同一厂家生产的配套产品。反之，会照样造成电动车不能正常行驶（控制器和电动机的匹配相当复杂，具体匹配的内容包括：霍尔组件相位差应相对应、三相主线和五相霍尔组件引线的相序应相对应、电动机的转矩常数和控制器限流大小应相对应等）。

2. 安装要点

1）注意电源正、负极一定不能接错。

2）安装时，控制器各插件应按顺序连接。即先接电源、电门锁、转把、电动机四组线，再接其他插件。

3）若电动机出现倒转，需对接一下学习线，即可正转，然后拔掉学习线，再接好所有连接线。

4）控制器的对外连线都是通过插件连接的，因此在安装时，一定要将与控制器相连接的接插件垂直地面摆放，以防止接插件积水。

5）将控制器的引线用尼龙扎带固定在车体上，以防止引线与车体发生摩擦而损坏。

6）尽量提高控制器的安装位置，并将控制器外壳的开口面朝下，以防止在行车中地面水溅入控制器中。

★ 三、上门拆装电动自行车蓄电池

（一）铅酸蓄电池拆装机

1. 工具准备

上门更换铅酸蓄电池需要提前准备同规格蓄电池、电烙铁、焊锡、蓄电池连接线和蓄电池专业螺钉等工具和材料。

2. 判别蓄电池型号

上门更换蓄电池之前，应先与客户在电话中判别原蓄电池的规格，根据客户提供的数据确定携带新的相同规格型号蓄电池。电动车蓄电池组一般以 48V 居多，蓄电池之间通常以串联为主，每单块为 12V。

可通过看蓄电池外壳、看充电器标注、看车型类型的方法判别蓄电池的规格型号，如图 3-28 所示。

3. 拆卸蓄电池

1）先将蓄电池连同蓄电池盒一块取下，并卸下锁紧螺钉等。

2）小心将蓄电池盒打开，用 50W 电烙铁将蓄电池连线从蓄电池端子上焊下，并立刻就用绝缘胶带将蓄电池端子包住，以防止短路事故。

3）焊接蓄电池之间的连线时，可以焊下一个头，拿住接头，再焊另一个接头，焊下后将连线立即放到规定的地方，防止连线使蓄电池短路。

4）有些蓄电池在安装时使用粘接剂等将蓄电池与蓄电池盒粘牢（一般采用不干胶），需要用力拉蓄电池才能取出（但不得用力过猛）。若操作有困难，可对蓄电池略为加热，或用酒精等溶剂将粘接剂溶下，然后将蓄电池取出。

5）最后应将残余的垫片或粘接剂等清除干净，准备安装新蓄电池。

4. 安装蓄电池

1）首先将单块蓄电池依次放入蓄电池盒内。

2）如图 3-29 所示，红色"+"接电源正极，蓝色"-"接电源负极，将蓄电池正负极依次相连焊接好。

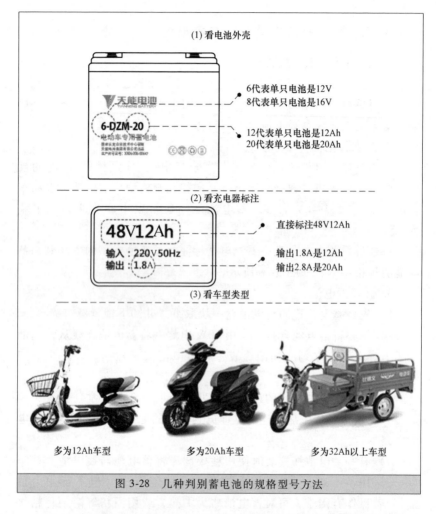

图 3-28　几种判别蓄电池的规格型号方法

3）将剩下两个输出正极和负极端子焊接在输出插座的两个端子上，注意不要接反了，一定要和充电器上的正负极对应。

4）用万用表测量蓄电池输出端口电压，蓄电池实际电压要比标注电压稍高 2~5V，正常后方可投入正常运行。

（二）锂蓄电池拆装机

与更换铅酸蓄电池一样，上门更换电动车锂蓄电池之前也应先与客户在电话中确定是否为锂蓄电池电动车，查看原先使用的蓄电池标

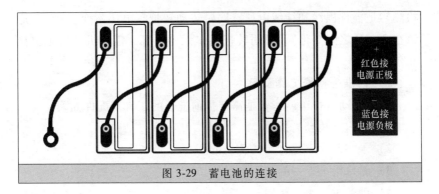

图 3-29 蓄电池的连接

注的输出电压，也可通过查看电动车充电器标注的输出电压来确定携带的锂蓄电池规定型号。

锂蓄电池一般包出线为两根导线，即为充放电通用一个接口，蓄电池上红线为正极，黑线为负极，安装步骤如下：

1）打开原蓄电池外壳。

2）取出原蓄电池芯。

3）装进新蓄电池。

4）找到外壳输出口的线，与蓄电池包红线对红线为正极相接，黑线对黑线为负极相接（一般常见外壳有红、黑、蓝三根线，只需红线正常对接蓄电池红线，其他两根线一起接蓄电池黑线即可）如图 3-30 所示。

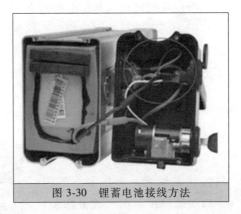

图 3-30 锂蓄电池接线方法

第四节 电动自行车易学快修拆装机实例演练

★一、奇蕾电动自行车转把故障快修拆装机演练

（一）故障判断

奇蕾电动自行车，打开电门锁，转动转把，车子不走。用万用表

检测转把插件黑线和绿线电压，同时转动转把，电压不变，（正常应该在0~5V之间变化），说明转把霍尔元件损坏，需要拆开转把更换霍尔元件。

（二）准备检修工具及配件

拆装电动自行车调速转把需要提前准备的工具及配件如下：

1）小内六角套筒扳手。

2）十字及一字螺钉旋具各一把。

3）斜口钳。

4）钢丝钳。

5）奇蕾电动自行车专用转把一只。

6）OH49E或S49E线性霍尔一只。

7）502胶水一支。

（三）转把拆卸

将损坏的转把从车把上拆卸下来非常简单。首先用内六角扳手卸下车把上固定转把的固定螺钉，然后用十字螺钉旋具卸下车头的几处螺钉，找到车把调速线插件，并拨出调速线插件，最后将调速转把往车把的外侧退出，即可将其卸下，如图3-31所示。

（四）转把安装

安装新的转把分目的型和盲接两种接线方法。前一种方法是，先检测出控制器的引出线的极性，+5V线接到转把的红线，负极线接转把黑线，再把剩下的一条线接通即可；后一种方法是，先找出转把的正极线和信号线与控制器引出线任意对接，直到电动机转动，再把转把负极接上，电动机停转，如果不停则调换正极线和信号线即可，转动转把进行调试。

奇蕾电动自行车转把调速线

图3-31　将调速转把从车把上卸下

与大多数车型一样，普通的三线调速红线为正极 5V 电源，黑线接地，蓝线为信号线。

（五）分解转把

奇蕾电动自行车转把调速出现故障，通常是转把内部霍尔元件损坏造成不能调速，或回位弹簧问题造成不能自动断电等，此时，可将调速转把拆开更换霍尔元件或调整回位弹簧。

多数电动自行车转把内部设有塑料卡扣，拆卸时用一字螺钉旋具插入转把侧面的 2 个小方孔中的任何一个，插到底，稍微用力向外挑，就拆开了，如图 3-32 所示。

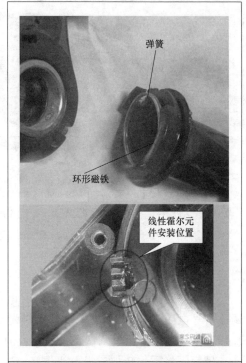

弹簧

环形磁铁

线性霍尔元件安装位置

图 3-32　分解转把

【维修日记】　少数电动自行车转把在霍尔元件和转把塑料的接合处均涂了胶水做了防水处理，因此拆卸比较困难。对于此类转把故障的维修只能更换转把总成。

（六）焊接转把

更换转把霍尔需要重新焊接引线，将有字的一面朝向自己，引脚朝下，从左至右分别是正极、负极、信号输出，分别与奇蕾电动自行车的转把调速线的电源+5V（红线）、接地（黑线）、信号输出（蓝线）对应焊接，如图 3-33 所示。然后把焊好的霍尔元件装入转把，用 502 胶粘牢，还要用胶水把引线全部封死，防止进水。

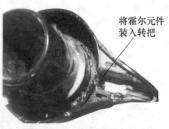

将霍尔元件
装入转把

电源+5V

负极接地

信号输出

图 3-33　焊接奇蕾电动自行车转把霍尔元件

【维修日记】 电动车的调速车把，有时会出现加速后不能自动返回，即不能自动断电的故障。原因是转把内弹簧移动位置或折断。可以直接换车把，也可以拆开车把调整或更换弹簧解决。

（七）测试转把

安装好转把后，给转把加 5V 左右电压进行测试。测转把第 3 脚调速信号电压为 0.8V 左右，此时，慢慢来回扭动转把，电压在0.8～3.48V 左右变化。通过测试，说明新换的霍尔元件工作正常。

最后，将霍尔转把三根引线焊好，试车，电动机运转正常。

★二、天爵电动自行车控制器故障快修拆装机演练

（一）故障判断

该车控制器如图 3-34
所示。在控制器不通电不接
外部器件情况下，用万用表
"二极管"档红表笔接相
线，黑表笔接红色（较粗）
电源线，万用表记数显示为
"OL"（无穷大）（正常应
为 400～600Ω），说明控制
器输出管上管其中之一
损坏。

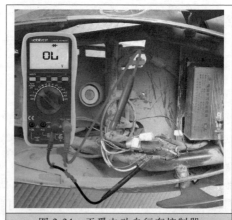

图 3-34　天爵电动自行车控制器

（二）准备检修工具及配件

检修电动自行车控制器故障，需要提前准备如下工具及配件：

1）热风枪。

2）P75NF75场效应管两只。

3）导热硅脂一支。

4）防水密封胶一支。

（三）拆卸控制器

1）首先断开电源断路器开关，将电门锁旋转于"OFF"位置，然后依次拔掉控制器电源正、负接线，电动机、调速转把、闸把制动等插接件，将控制器从后座内取出。如图3-35所示。

2）检修控制器控制板需要将控制器用十字螺钉旋具拆开，先卸下一侧的4个固定螺钉，再卸下一侧的5个螺钉，即可将控制板从铝壳散热外壳中抽出。如图3-36所示。

图3-35 卸下控制器

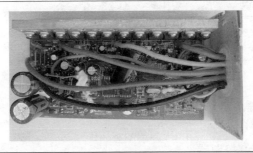

图3-36 卸下控制板

（四）检测驱动管

用万用表分别对控制板左边6只场效应驱动管进行排查，结果发现一对P75NF75上驱动管测栅极与源极、栅极与漏极之间的电阻值呈通路状态，说明已烧坏，如图3-37所示。

图 3-37　找出损坏的场效应驱动管

（五）拆焊驱动管

用热风枪焊下损坏的两只场效应驱动管，如图 3-38 所示。

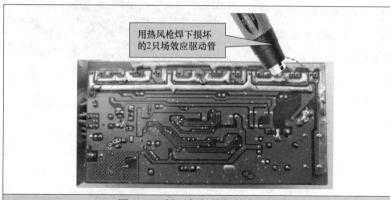

图 3-38　焊下损坏的场效应驱动管

　　将先前准备的好的两只 P75NF75 场效应管涂上导热硅脂，并焊回在控制板上。

（六）安装控制器

　　最后，按控制器拆卸相反工序将控制器安装到电动车后座内，并连接好控制器各插接件。

　　需要注意的是，在将主板装回控制器外壳中时，也要在相应位置涂上导热硅脂。另外，外壳密封垫及控制器输出接线口均应用密封胶做好防水处理。

第四章

易学快修第2步——元器件识别与检测

第一节 电动自行车电子元器件识别、检测与代换

★ 一、场效应晶体管识别、检测与代用

场效应晶体管简称 MOSFET 或 MOS 管，由多数载流子参与导电，因此又称为单极型晶体管。它属于电压控制型半导体器件。场效应晶体管在电动车电路中的作用是放大、调制、恒流源、阻抗变换、可变电阻等。场效应管还具有开关速度快、热稳定性好、功率增益大、噪声小、高频特性好、工作电流大、输出功率大等优点。场效应晶体管最高耐压达 1200V，工作电流可达 100A，输入功率达 250W。

（一）场效应晶体管识别及封装

场效应晶体管在电动自行车控制器及充电器电路使用较多，如图 4-1、图 4-2 所示。与晶体管一样，场效应晶体管在电路图中用字母

图 4-1 控制器场效应驱动管

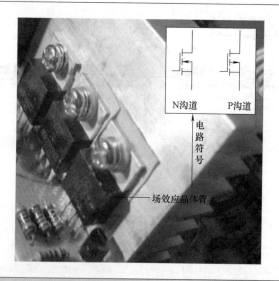

图 4-2 充电器电路中的场效应晶体管

VT 和 V 表示。场效应晶体管在控制器电路用于驱动功率管，简单来说电动机是靠场效应晶体管的输出电流来驱动的，输出电流越大（为了防止过电流烧坏 MOS 管，控制器有限电流保护），电动机扭矩就强，加速就有力。

场效应晶体管分为 N 沟道和 P 沟道两种，其中每一类又可分为增强型和耗尽型两种，如图 4-3 所示。它的电极分别为栅极 G、漏极 D、源极 S。

电动自动车上常用的场效应晶体管主要有小管（TO-220 封装）和大管（TO-247 封装）两种形式。

【维修日记】 电动车控制器电路中应用的场效应电晶体较多。例如有 UC 系列、IR 系列、MC 系列、AN 系列、LM 系列等。

（二）场效应晶体管的检测

用指针式万用表比较方便、直观地对场效应晶体管进行检测。下面介绍具体操作方法。

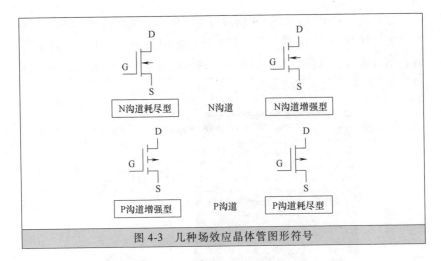

图 4-3　几种场效应晶体管图形符号

1. 判别场效应晶体管电极的简单方法

对于内部无保护二极管的功率场效应晶体管，可通过测量极间电阻的方法首先确定栅极 G。以 N 沟道型管为例，操作方法如图 4-4 所示。将万用表置于 $R\times1k$ 档，分别测量三个引脚之间的电阻。若测得某个引脚与其余两个引脚间的正、反向电阻均为无穷大，则说明该引脚为栅极 G。

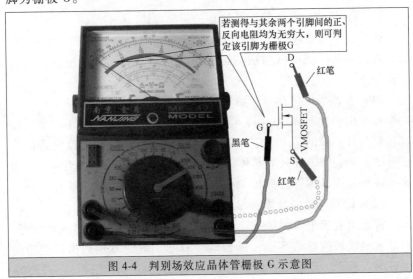

图 4-4　判别场效应晶体管栅极 G 示意图

接下来，即可确定源极 S 和漏极 D，操作方法如图 4-5 所示。将万用表照样置于 $R \times 1k$ 档，先将被测管三个引脚短接一下，然后交换两表笔再测两次电阻，其中阻值较小的一次测量中，黑表笔所接的为源极 S，红表笔所接的为漏极 D。

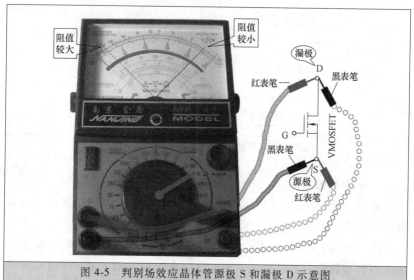

图 4-5　判别场效应晶体管源极 S 和漏极 D 示意图

2. 判别场效应晶体管性能好坏的简单方法

通过检测场效应晶体管源漏正、反向电阻，以及测试放大能力，从而可以对其性能加以判别。同样以 N 沟道型管为例，检测方法及步骤如下。

（1）检测场效应晶体管源漏正向电阻

将万用表置于 $R \times 1k$ 档，将实测管 G 极与 S 极短接一下，然后将红表笔与被测管的 D 极相接，黑表笔与 S 极相接。若测得电阻值为数千欧，则表明该场效应晶体管性能正常；若阻值为 0 或无穷大，则表明该场效应晶体管已损坏，不能使用。操作方法如图 4-6 所示。

（2）检测场效应晶体管漏源反向电阻

将万用表置于 $R \times 10k$ 档，将被测管 G 极与 S 极用导线短接好，将红表笔接被测管的 S 极，黑表笔接 D 极。此时万用表指针应指向无穷大；若否，则表明被测管内部 PN 结的反向特性比较差；若测得

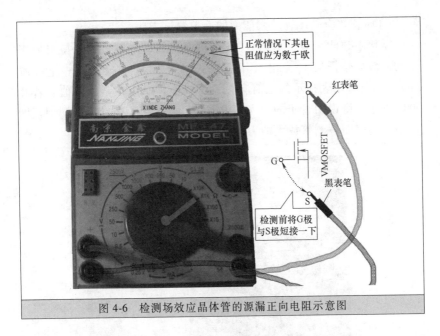

正常情况下其电
阻值应为数千欧

D 红表笔

G

VMOSFET

黑表笔

S

检测前将G极
与S极短接一下

图 4-6　检测场效应晶体管的源漏正向电阻示意图

阻值为 0，则表明被测管已经损坏。操作方法如图 4-7 所示。

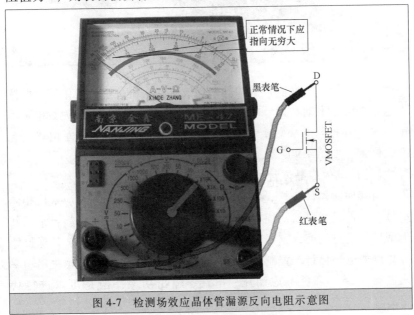

正常情况下应
指向无穷大

黑表笔 D

G

VMOSFET

S

红表笔

图 4-7　检测场效应晶体管漏源反向电阻示意图

（3）场效应晶体管放大能力的简单测试方法

紧接上述测量后，拿掉 G、S 间的短路线，表笔位置保持与原来不动，然后给栅极 G 充电（用短路张将 D 极与 G 极短接一下并脱开），此时万用表指示的阻值应大幅度减少并稳定在某一阻值。若此阻值越小，则说明管子的放大能力越强；若万用表指针向右摆动幅度很小，则表明被测管放大能力较差。如图 4-8 所示。

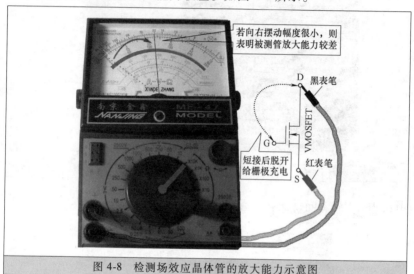

图 4-8　检测场效应晶体管的放大能力示意图

相反，若对于性能正常的晶体场效应管在紧接上述操作后，保持表笔原来位置不动，指针将维持在某一数值，然后给栅极放电（用短路线将 G 极与 S 极短接一下），则万用表指示值立即向左偏转至无穷大位置。如图 4-9 所示。

（三）场效应晶体管代用

与其他元器件一样，电动自行车场效应晶体管损坏也应采用相同型号的元件进行更换。但是，有时相同的元件手边没有，就要采用其他型号的进行代换，这样就要考虑到各方面的性能、参数、外形尺寸等。例如电动自行车控制器中的驱动功率管重要的是要考虑输出功率来进行选择，只要考虑耐压、电流、输出功率一般是可以进行代用的。

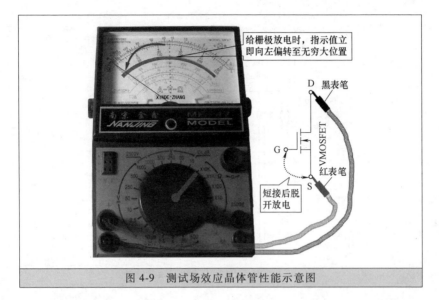

图 4-9 测试场效应晶体管性能示意图

实际维修中，往往对于场效应管追求功率大一些更好，但并不是越大越好，因为功率大输入电容就大，对后级电路会产生一定影响，与电动机、蓄电池也不匹配，会缩短行驶里程。

★二、霍尔元件识别、检测与代用

霍尔元件是电动自行车经常采用的控制型组件，调速手柄发出速度控制指令，无刷直流电动机在运转中的换向，多是采用霍尔元件完成。如图 4-10 所示，为霍尔元件在电动自行车的位置。

（一）霍尔元件识别及封装

电动自行车使用的霍尔传感器平面尺寸宽 4.0 ± 0.02mm、高（14±1）+（3.0 ± 0.02）mm，其封装尺寸及引脚接法如图 4-11 所示，①脚电源，②脚地，③脚输出。

图 4-10 霍尔元件在电动自行车的位置

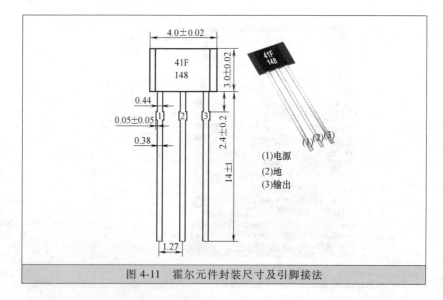

图 4-11　霍尔元件封装尺寸及引脚接法

　　用于电动自行车霍尔元件可分为线性输出和开关霍尔集成电路两种类型。线性霍尔集成电路一般用于调速手柄，输出的信号电压随磁场强弱而连接变化，随磁场的增强而升高，随磁场的远离，磁强变弱而降低。开关霍尔集成电路一般用于无刷直流电动机，采用的是双级型开关电器（又称锁存型），其特点是具有锁存功能。

　　（二）霍尔元件检测

　　以电动自行车电动机霍尔为例，检测方法如下：

　　1）在整车通电控制器和电动机霍尔插头连接好的前提下，打开电门锁。

　　2）用手慢慢转动电动机，同时用万用表电压 20V 档测量 3 根信号线和负极之间电压。

　　3）若测得 0~5V 之间电压的变化说明霍尔正常。

　　4）若测得 5V 或 0V 电压不变化，说明霍尔损坏。

　　（三）霍尔元件代用

　　1. 霍尔元件代用注意事项

　　1）在换霍尔元件的过程中首先记下霍尔元件的排列顺序，有字的一面为正面，没字的一面为反面。从正面看它的三个引脚分别是正极、负极、信号。

2）无刷电动机按霍尔元件的电角度可分为60°和120°，如果三个霍尔引脚排列顺序为正、正、正为60°电动机，如是正、反、正为120°电动机。

3）代用的三个霍尔元件要相同规格型号，不能相混搭配，且应同时换下三个霍尔元件。

4）在焊接过程中尽量用小功率的烙铁，拆一个换一个，三个接线要正确，且速度要快，温度过高会使霍尔损坏。

2. 电动自行车霍尔元件的选用

常用电动自行车霍尔元件型号及功能见表4-1。

表4-1　常用电动自行车霍尔元件型号及功能

霍尔型号	功　能　描　述	备注
41F	工作电压3.0~30V，反向耐压可做到60V，工作温度为-40~150°，工作频率可达到0~100kHz。 可适用于0~1000W以下的电动车电动机，两轮电动车电动机，三轮车电动机，电动自行车电动机，各种品牌电动车电动机控制器里的霍尔元件更换维修	电动机霍尔
H41F	工作电压可达到30V，电压为3V，霍尔H41F工作温度为-40~150°，H41F的反向耐压可达到65V，0~100kHz的宽电频。 是一款耐高温双极锁存型霍尔元件，其输出的信号为数字开关量信号，H41F以其很好的稳定性和一致性广泛应用于直流无刷电动机，电动车电动机，电动机控制换向，电动机速度检测，转速测量，编码器以及各种电动机和工控领域	
HL41F	双极锁存型霍尔元件，也是开关量霍尔，HL41F霍尔元件是以磁感应为工作，也称之为磁敏传感器，其适合于矩形或者柱形磁体下工作，HL41F霍尔开关元件以其宽泛的工作电压（可达30V）和高温工作（可达150°）以及工作频率（可达100kHz）可应用于各种电动机测量、转速检测、计数、电动车电动机、无触点开关等	
43F	数字型开关量输出霍尔，适用于无刷电动机、风机、各种两轮、三轮、电动自行车的电动机控制等。43F反向耐压可达到65V，1000W以上电动车电动机可用霍尔元件43F	
H43F		

（续）

霍尔型号	功能描述	备注
43AF	单极型霍尔元件,工作电压可做到30V,此款43AF是国产的,常用于电动车电动机控制器,用于控制电动机速度,是个人维修,电动车店铺批量维修的好选择	电动机霍尔
SS41F	双极锁存型霍尔元件,为美国霍尼韦尔公司在中国大陆封装的一款性价比高的霍尔产品 SS41F霍尔元件因其内置反向保护电路,产品的一致性和稳定性以及较低的价格,是很多各类高速电动机生产厂家的理想选择	
SS41	双极性霍尔元件,体积小、功能多的数字霍尔效应元件,采用永磁体或者电磁体的磁场操作。这种集电极开路的电流沉(灌电流)输出电压可与各种电子电路方便连接	
SS413F	数字信号输出双极霍尔元件,SS413F和SS413A参数及应用范围相同,只是相比SS413A价格略低,也是很多电子工厂的理想的霍尔器件选择。 SS413F带隙调节功能有助于确保DC 3.8～30V电源电压范围内的操作稳定。这些传感器能够实现连续的20mA电流输出并可在达50mA的电流下循环。其可在3.8V电压下工作的能力可以用于许多潜在的低电压应用	
H49E	线性霍尔传感器,该器件是由电压调整器,霍尔电压发生器,线性放大器和射极跟随器组成,其输入是磁感应强度,输出是和输入量成正比的电压。其输出电压是输入电压的一半。S磁极出现在霍尔传感器标记面时,将驱动输出高于零电平;N磁极将驱动输出低于零电平;瞬时和比例输出电压电平决定于器件敏感面的磁通密度	转把霍尔
49E	线性霍尔元件,输出的是模拟信号,具有线性度好、功耗低、灵敏度高、输出电阻小、温度性好、寿命长等特点 多用于电动车转把,三轮电动车调速,品牌电动车调速维修,电脑绣花机,电动缝纫机调速,电动车,电动自行车转把调速	
SS49E	线性霍尔效应传感器集成电路是小型多功能的元器件,由永磁体或者电磁体所提供的磁场进行工作。线性源输出电压由电源电压设定,并且会因磁场的强度不同而有所不同	

★ 三、调速转把识别、检测与代用

调速转把又称调整把，如图 4-12 所示，与摩托车一样安装在车把的右手位置，骑行时转动转把即可控制车速。由于它自身输出的控制信号很小，不能直接驱动电动机，故需要通过控制器进行放大后才能实现对电动机的调速控制。

图 4-12　调速转把识别

（一）调速转把内部结构原理

目前市面上大部分采用霍尔转把，该类转把内部电路主要是由霍尔传感器、放大器和 MOS 管组成，其内部结构电路原理如图 4-13 所示。

1）霍尔组件通常是粘接在转把里圈，固定在车把上，而与其对应的磁钢粘在转把可动部分，如图 4-14 所示。

2）霍尔转把提 3 根引线分别是电源（+5V）、地线、转把信号线（信号大小与转把转动幅度成正比，通常在 1.1～4.2V 范围内变化），控制器就是通过转把信号线信号大小控制电动机转速的。

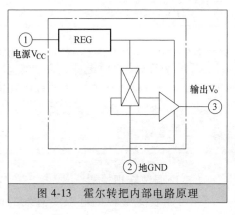

图 4-13　霍尔转把内部电路原理

3）霍尔转把输出电压大小，取决于霍尔周围磁场的强度。转动转把即改变磁场，霍尔组件发出传感信号，通过控制器控制电动机的转速。

4）霍尔组件可分为开关型和线性霍尔组件两种。当开关型霍尔组件敏感面有磁场时，组件输出低电平信号；无磁场则无信号输出。根据输出的信号进行控制，其供电电压为 4.5~24V；而线性霍尔组件则是通过组件敏感面对磁场感应的强弱变化进行调速，当电源供电电压为 5V 时，其输出信号电压在 1.0~4.2V 之间连续地发生线性变化。

图 4-14　转把霍尔元件及磁钢在转把中的位置

【维修日记】　调速转把是用霍尔组件作为传感器，不同的霍尔组件与不同的控制器及车型配套使用。通常使用的霍尔元件的型号是 3501、3508、3515、3516、3517、3518 等。

【维修日记】　调速转把分单霍尔转把、双霍尔转把和光电转把等多种信号种类。其中最常用的转把是 1~4.2V（俗称正把）和 1.2~1V（俗称反把）。在这两种信号的转把中，又以 1~4.2V 的转把占绝大多数。

（二）调速转把检测

用万用表测量转把电源线对地的电压，正常电压应在 0.8V 左右，如图 4-15 所示。

用手转动转把，用万用表测量转把电源线对地的电压，正常电压应该在 0.8~3.75V 范围内变化。

【维修日记】　需要指出的是，不同转动与在不同转把电源情况下，用万用表所测得的数值略有不同。

图 4-15　检测转把

（三）调速转把代用

市面上大部分调速转把只需将原来的把手拆除，直接按上即可。部分厂家生产的电动自行车接线、插头有可能不一样，安装时需要剪掉插头，再将插接件对应接好即可。

当控制器或调速转把需要更换时，若调速转把与控制器不匹配，应对调速转把进行改制，使其输出信号能匹配控制器。调速转把输出信号改制的方法如图 4-16 所示。

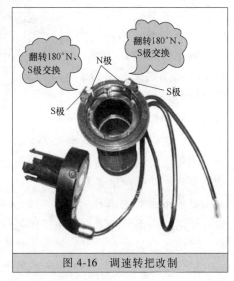

图 4-16　调速转把改制

1）将调速转把拆开，改变转把里面磁钢工作面的极性，就可以改变转把输出的电位。

2）如果调速转把内有两个磁钢，分别将两个磁钢都转 180°，再装好。

3）如果调速转把内只有 1 个磁钢，将磁钢取出，反转 180°后，装好转把，这样就改变了调速转把里面霍尔元件工作磁场的起始位置，从而实现了转把输出信号的改制。

【维修日记】 当调速转把损坏需要更换时，应测试调速转把是从1V到4.8V的正向控制（即正把），还是从4.8V到1V的反向控制（即反把），同时要了解控制器是正把有效或反把有效。总之，控制器与调速转把要匹配。

★ 四、闸把识别、检测与代用

闸把又称制动把，如图4-17所示，其作用是用来制动和断电。当手握制动闸把时，闸把输出信号到控制器上并切断电动机的驱动电流，电动机被迫停转，同时通过制动装置对车轮实行控制。

（一）闸把内部结构原理

闸把由闸手柄座、制动手柄、制动线固定孔和调节空芯螺栓、螺母及闸把位置传感器等构成，电动自行车闸把是在普通自行车闸把结构上，增加了位置传感器，构成制动断电闸把。闸把事实上是一

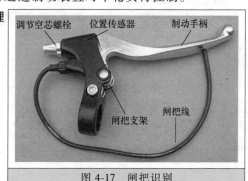

图 4-17 闸把识别

个开关，它将控制器的高电平制动线与高电压（12V电源电压）短接，或低电平制动线与地短接。控制器收到制动线信号后就会停止电动机驱动，并执行电子制动等功能。

目前市面上的电动自行车通常采用电子闸把，如图4-18所示，为电子闸把内部结构原理。电子闸把的工作方式有两种，一种是制动时信号电平为高电平；另一种的为低电平。

1）制动时信号为高电平的，闸把工作电压为5V时，不捏闸把信号线上无电压，捏闸把时在信号线上产生一个约3.5V的电压信号并传给控制器。

2）制动时信号为低电平的，闸把工作电压为5V时，不捏闸把信号线上有一个约3.5V的电压，捏闸把时在线号线上的电压信号变

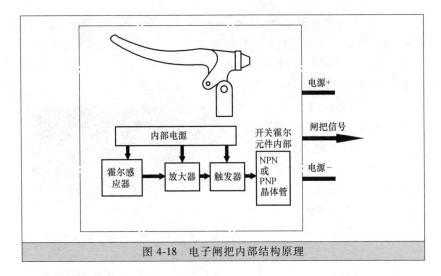

图 4-18　电子闸把内部结构原理

为 0V 并传给控制器。

　　3）电子闸把一般和专用的控制器配套使用。左、右闸把是并联关系。电子式霍尔闸把有三根引线，红线为电源线，黑线为接地线，蓝线为输出信号线。其电源为+5V。将对应的线两两并接后，接往控制器的三根闸把线。

　　电子闸把的制动原理如下：

　　1）当握紧闸把制动时，微型开关的触头被压回，将常闭接点断开，闸把开关或霍尔器件输出低电平，电动机上的电源被控制器切断，之后电动机供电线路短路，短路电流就产生堵塞转转矩，迫使电动机停止转动，实现制动的目的。

　　2）放开闸把后触点被弹簧弹回，电路恢复闭合，将通断信号传送给控制电路。制动时，不论是前制动还是后制动，都应立即切断电源。

　　【维修日记】　电子闸把和机械闸把除位置传感器不同外，其他结构相同。常见用于闸把的单极性开关型霍尔元件型号有3122、3123、3143、3144、3161、3340、3361、3362 等。

（二）闸把检测

下面介绍用万用表测量电动自行车闸把的两种方法。

1）用万用表测量制动信号线对地电压，是高电平，而控制器正是高电平制动，或是低电平，控制器也是低电平制动，那么这个电平信号就会经过制动输入电路滤波之后，给单片机一个制动信号。此时控制器会执行制动功能，停止输出电动机驱动信号。

2）如果是带电子制动功能，用手转动电动机，会感觉有明显阻力，此时状态指示灯闪2下，此时要检查闸把是否有故障，可将闸把取下，看故障是否解除，或用万用表"二极管"档测量其是否短路，如图4-19所示。

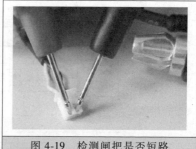

图4-19　检测闸把是否短路

（三）闸把代用

更换新的闸把必须与控制器型号相匹配，如原控制器为低电平或高电平必须是低电平或高电平闸把才能适用，低电平一般是两根线，而高电平常见是一根线，安装时插接好引线即可。

1. 机械闸把替换电子闸把的方法

1）当电子闸把制动时信号电平为高电平的工作方式时，机械闸把的两根线接车上原来接电子闸把的正极线和信号线。

2）当电子闸把制动时信号电平为低电平的工作方式时，机械闸把的两根线接车上原来接电子闸把的负极线和信号线。

3）如果以上两种方法均不行，就必须采用原来的电子闸把。

2. 闸把的改制

制动信号高低电位的变化，是控制器识别电动车是否处于制动状态，从而判断控制器是否给电动机供电。当电动车的闸把或控制器需要维修更换时，会遇到闸把信号与控制器不匹配的情况，这就需要对闸把进行改制，使其输出信号能匹配控制器。因此在维修实践中，不论闸把的形式如何，也不论控制器识别何种制动信号，应做到能对各种形式的制动信号进行适当改进，以匹配成控制器能识别的信号。

以霍尔型闸把为例，改制前与改制后的电路如图4-20、图4-21所示。

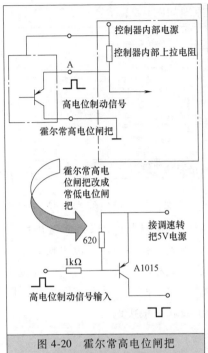

图4-20　霍尔常高电位闸把
改成常低电位闸把电路

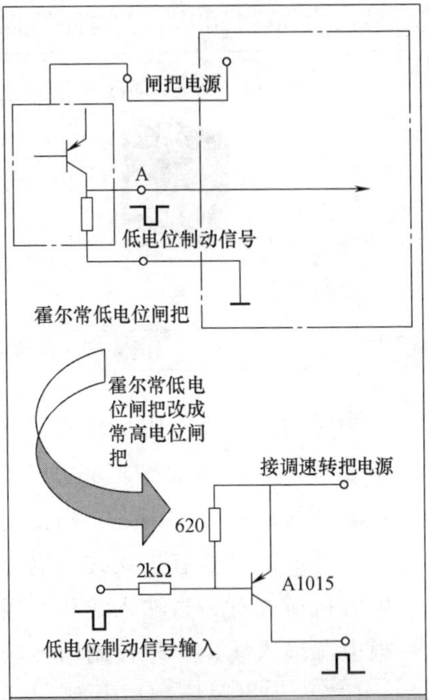

图4-21　霍尔常低电位闸把
改成常高电位闸把电路

【维修日记】　目前，市面上的部分无刷智能控制器都配有高电平和低电平制动功能，并提供高电平和低电平输出插接件作为选择。高电平制动为一根线，低电平制动为两根线，匹配相应的闸把选择相应的功能插接好即可。

★五、闪光器识别、检测与代用

闪光器又称闪烁器，其作用是将蓄电池送来的直流电变为时大时小的电流，而使转向灯和转向指示灯发出醒目的闪光信号，以提醒车辆或行人的注意。

（一）闪光器内部结构原理

闪光器一般串联在电动自行车供电电源的回路中，其闪烁频率每分钟约为 80~120 次，其电路结构原理如图 4-22 所示。

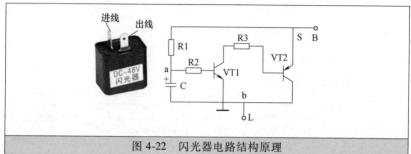

图 4-22　闪光器电路结构原理

闪光器的外壳引脚标注 B 表示进线端，L 表示出线端，接线时注意不要接错。若转向灯不亮或不闪烁，可将闪光器输入与输出线短接；若短接后能正常闪烁，则说明该闪光器损坏，应予以更换。

常见的闪光器有机械式、电容机械式和电子式 3 种，其中机械式和电容机械式有一根输入线和一根输出线，而电子式有三根引线，即一根电源输入线、一根控制信号输出线和一根接地线。

（二）闪光器检测与代用

怀疑闪光器不良，可用万用表测量闪光器的输入电压是否正常，若闪光器输出的脉动电压过小或为零，则表明闪光器故障。

选用闪光器时，必须根据电动车的工作电压大小而选择不同电压的闪光器，一般有 12V、24V、36V 及 48V 的闪光器。

> ✐ 【维修日记】　若转向灯不亮或不闪光时，即可将闪光器的输入线和输出线短接起来。若转向灯恢复正常，则表明闪光器故障。

★ 六、转向开关识别、检测与代用

转向开关通常位于电动自行车左手柄座上，如图 4-23 所示。

（一）转向开关内部结构原理

转向开关从电路形式来看是一个单刀双掷开关，与闪光器、左、右转向灯串联在一起，其电路结构原理如图 4-24 所示。

1）当转向开关处于中间位置时，金属滑片与左、右接触点不接

图 4-23　转向开关识别

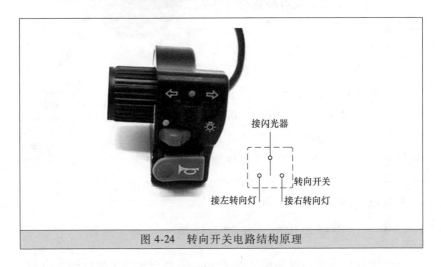

图 4-24　转向开关电路结构原理

触，电路不导通。

2）当把转向开关扳向左边位置时，金属滑片将中间接触点与右边接触点连在一起，右边接触点与左转向灯相连。

3）当把转向开关扳向右边位置时，金属滑片将中间接触点与左边接触点连在一起，左边接触点与右转向灯相连。

（二）转向开关检测与代用

使用万用表可对转向开关进行检测，来判断其性能好坏。具体操作步骤如下：

1）将万用表置于"$R×1$"电阻档。

2）红表笔接电源的输入线，黑表笔接左侧的电源输出线。

3）将转向开关扳至左转向灯位置。

4）正常情况下，万用表读数应为零，表明转向开关左侧转向部分正常。

5）若测得电阻为"10~100Ω"，则表明接触点的电阻较大，应打磨转向开关触点。

6）若电阻为无穷大，则表示转向开关损坏，应予以更换。

7）右转向开关部分的测量方法与上述操作相同。

电动自行车转向开关损坏，需要更换三合一的组合开关总成。选用时，应注意新的组合开关的孔径应与原组合开关孔径一致，安装时只需将组合开关插件与电源插件插好即可。若插头不一致，可剪掉插头，需自行接线。如图 4-25 所示，按相应线序功能连接好即可。

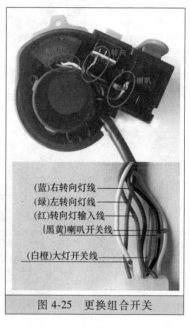

(蓝)右转向灯线
(绿)左转向灯线
(红)转向灯输入线
(黑黄)喇叭开关线
(白橙)大灯开关线

图 4-25　更换组合开关

★ 七、电动机识别、检测与代用

电动自行车电动机如图 4-26 所示，其作用是将电能转换成机械运动驱动车轮前进。目前电动车电动机普遍采用永磁直流电动机。

电动自行车电动机按照电动机的通电形式来分，可分为有刷电动机和无刷电动机两大类；按照电动机总成的机械结构来分，一般分为"有齿"（电动机转速高，需要经过齿轮减速）和"无齿"（电动机转

图 4-26　电动机识别

矩输出不经过任何减速）两大类。

（一）有刷电动机内部结构原理

有刷无齿电动机的内部结构如图 4-27 所示。

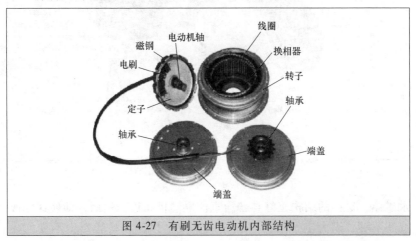

图 4-27　有刷无齿电动机内部结构

有刷无齿电动机的定子是由支架、磁钢、电刷、红、黑两根引脚组成。

有刷无齿电动机的转子是由机壳（铝圈）、硅钢片、漆包线、换相器、左右漆盖组成。

普通直流有刷电动机的电枢在转子上，而定子产生固定不动的磁场，为了使直流电动机旋转，需要通过转向器和电刷不断改变中枢组中电流的方向，使两个磁场的方向始终保持互相垂直，从而产生恒定的转矩驱动电动机不断旋转。

（二）无刷电动机内部结构原理

无刷无齿电动机的内部结构原理如图 4-28 所示。

无刷无齿电动机的定子是由轴、硅钢片、漆包线、霍尔、黄（A）、绿（C）、兰（B）三根粗线（绕组相线）、黑（地线）、红（电源）、黄（SA）、绿（SC）、兰（SB）五根细线（霍尔信号线）组成。

无刷无齿电动机的转子是由机壳（铝圈）、磁钢组成。

无刷直流电动机为了去掉电刷，将电枢放在定子上，而转子作为

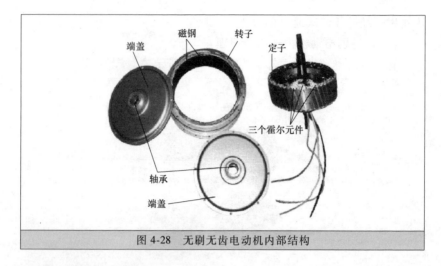

图 4-28　无刷无齿电动机内部结构

永磁体，这样的结构正好与普通直流电动机相反，然而，即使这样改变还不够，因为定子上的电枢通入直流电以后，只能产生不变的磁场，电动机依然转不起来。

为了使电动机的转子转起来，必须使定子电枢各相绕组不断地换相通电，这样才能使定子磁场随着转子的位置在不断地变化，使定子磁场与转子永磁磁场始终保持90°左右的空间角，产生转矩推动转子旋转。实际的方式为直流电源通过开关电路向电动机定子绕组供电，三个位置传感器随着检测到转子所处的位置，并根据转子的位置信号来控制六个开关管的导通和截止，从而自动地控制了绕组通电及通电方向，从而实现了电子换向。

（三）电动机的检测

1. 直观检查法

即通过用眼睛观察电动机比较明显的常见故障部位，来判断电动机性能好坏。直观检查法主要应检查如图4-29所示部位。

1）首先检查电动机外表有无破损、裂缝现象。

2）检查电源连接是否正确，有无断线。

3）检查换向器是否偏心，电刷与换向器的接触面是否正常，正常时换向器应占电刷面积的75%以上，反之，会造成接触不良而打火。

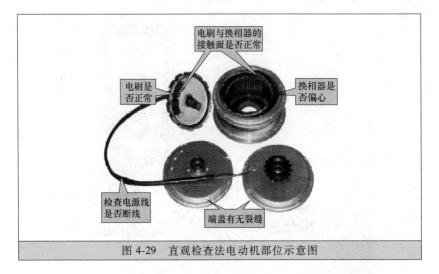

图 4-29　直观检查法电动机部位示意图

4）检查电刷是否磨损过大，电刷与刷握的装配是否正确，电刷的弹力是否太弱，若电刷弹力不够或位置装配不正确，均会造成电刷打火现象。

2. 有刷电动机绕组的检测

有刷电动机绕组故障常常表现为一处断路、多处断路、绕组搭铁三种情况。可采用万用表测量绕组阻值对电动机性能加以判别。

（1）绕组一处断路的检测方法

当绕组一处出现断路后，电动机的输出功率会明显降低。对其检测方法如图 4-30 所示。

1）首先将转子置于平板上，用一个单体蓄电池向绕组供电。

2）将万用表置于直流电压档，检测每相邻的两个换向片间的电阻。

3）若电枢绕组正常，则每相邻两个换向片间的电压就相同。

4）若测得与断路绕组相连接的两个相邻换向片的电压很高，且这一断路支路中的其余相邻换向片间的电压为零，则表明该处断路。

（2）绕组多处断路的检测方法

检查电动机绕组多处断路的方法如图 4-31 所示。首先将万用表的红表笔接正电刷端，黑表笔从电刷端开始依次与各换向片接触。当

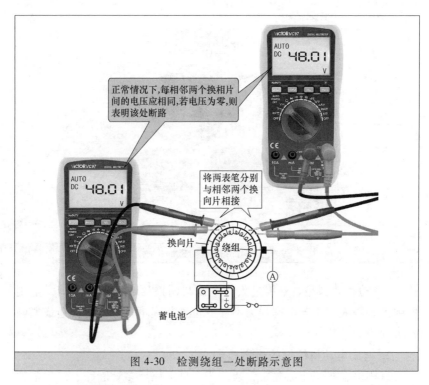

正常情况下,每相邻两个换相片间的电压应相同,若电压为零,则表明该处断路

将两表笔分别与相邻两个换向片相接

换向片

绕组

蓄电池

图 4-30　检测绕组一处断路示意图

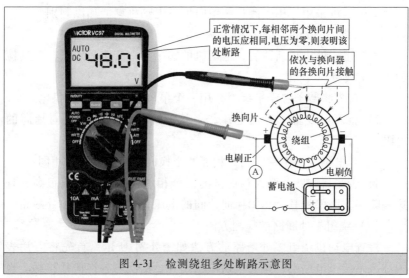

正常情况下,每相邻两个换向片间的电压应相同,电压为零,则表明该处断路

依次与换向器的各换向片接触

换向片

绕组

电刷正

电刷负

蓄电池

图 4-31　检测绕组多处断路示意图

接触到断路绕组的换向片时，电压为零，此时应将所发现的断路处连上（即将两换向片连上）。然后依次查找其余的断路部位。

【维修日记】　当绕组出现多处断路后，电动机的输出电流会出现很大的波动，甚至完全失去工作能力，此时，因电流的波动（时有时无），在电刷与换向器之间会产生强烈的火花，造成与断路绕组相接的换向器片很快烧蚀。

（3）绕组搭铁的检测方法

绕组搭铁故障的检测方法如图4-32所示。首先将万用表的一只表笔接电枢铁心（即搭铁）。另一只表笔依次与换向器的各换向片接触。此时若万用表电压的读数越小，则表明越靠近与搭铁绕组相连的换向片，当读数为零或接近零时，表明与这一换向片直接相连的绕组存在搭铁现象绕组因绝缘损坏直接与铁心相通时，电动机的感应电流经相通处短路，会造成电动机输出电压明显降低。

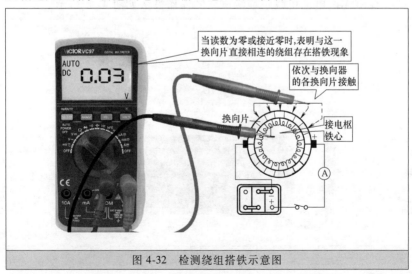

图4-32　检测绕组搭铁示意图

【维修日记】　绕组因绝缘损坏直接与铁心相通时，电动机的感应电流经相通处短路，会造成电动机输出电压明显降低。

3. 无刷电动机绕组的检测

无刷电动机绕组故障通常表现为绕组绝缘电阻下降、绕组断路或短路等方面。

（1）快速判断绕组性能好坏方法

实际维修中，对于电动车无刷电动机，可使用此种方法快速判断出电动机绕组的性能是否正常。

1）首先将电动机三根较粗的主相线短接在一起，不需打开电源，然后转动后轮进行一下测试。

2）若转动后轮很费力或转不动，则表明电动机绕组完好。

3）若转动后轮较为轻松，则表明电动机绕组断路短路或接触不良。

4）若电动机在某位置可转动，而在另一位置不能转动，则表明电动车运转不平衡，故障可能是绕组接触不良、短路或断路等。

（2）绕组绝缘电阻的检测方法

检测无刷电动机绕组绝缘电阻的操作方法如图 4-33 所示。

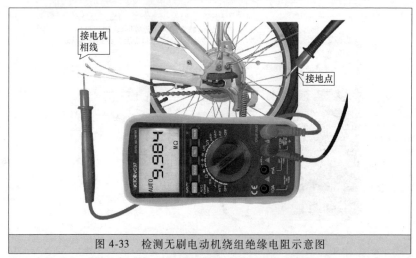

图 4-33　检测无刷电动机绕组绝缘电阻示意图

1）首先将电动机与控制器相连的线从接插件上拔下。

2）将数字万用表置于兆欧档，将红表笔与电动机外壳相接，黑表笔与电动机相线相接。

3）正常情况下，测得绝缘电阻应在 2MΩ 以上。

4）若测得电阻小于 2MΩ，则说明该绕组的绝缘电阻下降。应将其进行烘干，浸漆处理，即可修复。

（3）对绕组断路或短路的检测方法

检测无刷电动机绕组断路或短路的操作方法如图 4-34 所示。

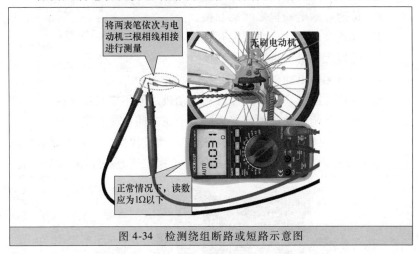

图 4-34　检测绕组断路或短路示意图

1）首先拔下电动机与控制器相连的主相线接插件。

2）将万用表置于电阻档，分别测量三相绕组中每两相间的电阻。

3）正常情况下，应测得每两相绕组的电阻基本一致。

4）若测得每两相绕组间的电阻中有两组或三级为无穷大，则表明该电动机绕组断路。

5）若测得每两相绕组间的电阻中有一组比其他两组偏小，则表明绕组存在短路故障。

6）若测得三组阻值中有一组正常（阻值大的一组），其他两组电阻一样且小，则表明该绕组中有一相短路。

7）若测得有两组电阻大，则表明有两组绕组短路。对于短路的绕组，无论是几相，都应重新绕制。

（四）电动机的代换

电动自行车电动机可分为调速电动机和低速电动机两种。不管电动机是采用圆柱齿轮减速还是行星齿轮减速或是摩擦轮胎驱动。只要有任何一种类似齿轮减速机构存在，我们就称这种电动机是高速电动机。反之，没有经过任何减速而直接输出转矩的轮毂电动机叫低速电动机。

电动机之间的互换原则如下：

1）低速有刷电动机之间能互换。

2）高速有刷电动机之间能互换。

3）低速无刷电动机之间能互换。

4）高速无刷电动机之间能互换。

5）低速有刷电动机和高速有刷电动机之间不能直接互换。

6）低速无刷电动机和高速无刷电动机之间不能直接互换。

在应急情况时，高速电动机和低速电动机代换，一定要测试控制器的限电流保护值。测试控制器的限电流保护值方法如图 4-35 所示。

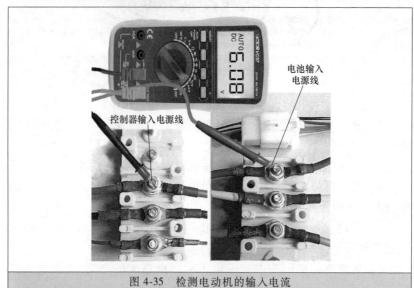

图 4-35　检测电动机的输入电流

将万用表置于直流检测档位，将表笔串联在电动机引线上，控制器给电动机供电，给电动机施加负载直至堵转，观察万用表最大电流应在 12~16A 之间。如果电流大于 16A，要对限电流比较限位器进行调整或更换稍大的采样电阻。调整或更换采样电阻后，还要测量控制器的限电流保护值，应在 12~16A 范围内。

★ 八、蓄电池识别、检测与代用

蓄电池为电动车核心设备，放电时，供用电设备使用，充电时，又把电能转换成化学能储存起来，供下一次使用。每使用后把电放完，再经充电又能恢复到原来状态，周而复始，反复循环。电动车一般多采用铅酸蓄电池或锂蓄电池，如图 4-36 所示。

通常一个铅酸蓄电池为 12V，4 个蓄电池即为 48V。例如单个蓄电池上标的型号是 "6-DZM-12" 有 4 块蓄电池，即蓄电池为 48V 12Ah。锂蓄电池通常为两根线，充放电通用，接线简洁方便。红线为正极，黑线负极另有配一对与蓄电池相匹配的公母头连接线，只需另一头直接与电动自行车外壳锁头处的线相接即可。

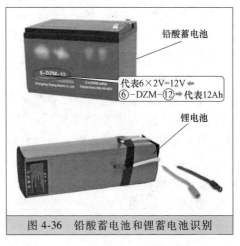

代表6×2V=12V
⑥–DZM–⑫➡代表12Ah

图 4-36 铅酸蓄电池和锂蓄电池识别

（一）铅酸蓄电池内部结构原理

铅酸蓄电池内部结构如图 4-37 所示，主要由正极板、负极板、隔板、蓄电池槽、电解液及外部其他部件组成。

1. 极板

由活性物质和支撑用的导体板栅组成的电极，分正极板和负极板，板栅一般由铅锑合金、铅钙合金组成，正极板活性物质为 PbO_2，颜色为棕色、棕褐色、红棕色，负极板活性物质为海绵状金属

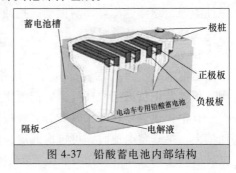

图 4-37 铅酸蓄电池内部结构

铅（Pb），颜色为灰色、浅灰色、深灰色。

正、负极板主要是起成流反应和导电作用。它们是电能和化学互相转换的关键部件之一，是决定蓄电池性能的主要部件。正、负极板上的活性物质和极板的制作工艺对蓄电池的电性能起到关键的控制作用。

2. 隔板

隔板由允许离子穿过的电绝缘材料构成，位于蓄电池正、负极板之间，用来防止正、负极短路。铅酸蓄电池主要使用 PE、橡胶、塑料、复合玻璃纤维、10G、AGM 隔板等。

3. 电解液

稀硫酸电解液含有移动离子导电作用的液相或固相物质，具有导电作用，并参加成流反应。铅酸蓄电池电解液的密度与它所用的场所有关，相对而言，用于电动车蓄电池的电解液密度要高一些。（电解液为一定密度的硫酸溶液，它参与化学反应并起保证正、负极板间的离子导电作用，在蓄电池工作后的充电反应过程中，硫酸又产生出来，恢复电解液原来的浓度。所以它能始终保持正负极板间的离子导电作用）。

液态电解液的蓄电池，一般在第一次使用前才加注电解液，加注后并对其进行充电。

4. 蓄电池槽

蓄电池槽是用来盛装蓄电池极板组、电解液的容器。它由硬橡胶或塑料制成，主要特性是不易腐蚀。

蓄电池槽主要起盛装极群和电解液的作用。因为铅酸蓄电池的极板很重，而电解液中的硫酸又具有腐蚀性，所以蓄电池槽必须选择机械性能强、绝缘性能好、耐振动、抗冲击、能经受温度变化、还能耐药性硫酸腐蚀的特殊材料。

5. 外部其他部件

蓄电池除了以上主要部件外，其外部结构还有螺纹孔塞、安全阀、顶盖及正负极接线柱等。它们的实物结构如图 4-38 所示。

其中：顶盖是在制作时安装完极板和隔板后使用胶水粘贴在蓄电池槽上，维修蓄电池时，可再次开启；螺纹孔塞的作用是用来排除充电时所产生的气体、补充纯水及测量密度，操作使用后将盖子盖上，使

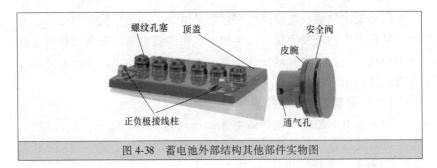

图 4-38　蓄电池外部结构其他部件实物图

蓄电池呈密封状态；安全阀一般装配于密闭式铅酸蓄电池，设计在蓄电池的上盖中，其作用是在充电过程中为了防止特殊情况下，蓄电池内部由于气体的聚积而增大内部压力引起蓄电池爆炸，当内部压力达到一定值时，安全阀会自动开启，释放一定量气体降低内压后，安全阀又会自动关闭；接线柱分为正、负极，用来与使用的电路接通电源。

6. 铅酸蓄电池的充电与放电

铅酸蓄电池的充、放电过程是一种可逆的化学反应。铅酸蓄电池的电解液是酸的水溶液，在充、放电过程中，蓄电池内电流的形成是靠正、负离子的反方向运动来实现的。

铅酸蓄电池向外电路供电时称为放电。放电过程是正、负极板上的活性物质与电解液中的硫酸进行反应，放电时电流从正极流出，经用电器流向负极，蓄电池内部电流的方向是由负极流向正极，如图4-39 所示。

蓄电池充电的过程是电能转换为化学能的过程，如图 4-40 所示。

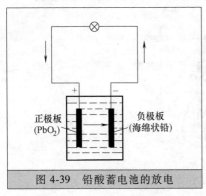

图 4-39　铅酸蓄电池的放电

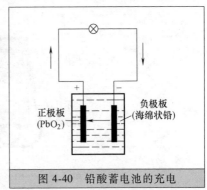

图 4-40　铅酸蓄电池的充电

铅酸蓄电池的放电结果硫酸量逐渐减少，硫酸中的氢和正极板上的二氧化铅中的氧发生反应而生成水；铅酸蓄电池的充电结果是电解液中的硫酸增加，水分减少，当蓄电池充满电后，正、负板上的活性物质恢复到原来状态。

（二）铅酸蓄电池的检测

铅酸蓄电池的检测包括蓄电池溢流阀检查、蓄电池气密性检查、蓄电池外观检查、蓄电池容量检查等几个方面。

1. 蓄电池外观的检查

一般检查蓄电池外壳是否变形、破损、渗漏、污染；正、负接线柱接头是否松动、硫化、发热；螺纹孔塞上的通气孔是否阻塞；安全阀是否阻塞等。

2. 蓄电池溢流阀的检查

检查溢流阀时，应将上盖取下，先观察溢流阀周围有无酸液，然后将溢流阀取下，看其是否粘连、松动或损坏。

3. 蓄电池的气密性检查

拆下蓄电池，用气压测试装置（可用血压计代替）往蓄电池内充电，使压力达到 30~40kPa，观察压力表是否稳定。也可以将蓄电池置于水中观察是否有气泡溢出。若压力表的压力迅速下降，或放入水中后有气泡溢出，均说明蓄电池的气密性不良。

4. 蓄电池容量的检测

检测电动车蓄电池的容量，可采用专用蓄电池容量检测仪进行检测，如图 4-41 所示。

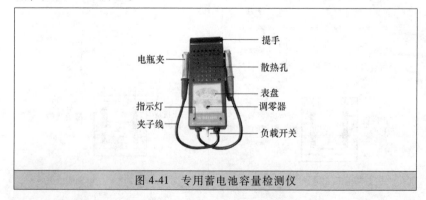

图 4-41　专用蓄电池容量检测仪

1）将测试仪的两夹子夹到蓄电池的正负两极上，这时指示灯亮（灯亮一边的夹子端为蓄电池的正极），电压表指示蓄电池电压，此时为虚电压（空载电压）。

2）灯不亮或电压表指针不动，要检查测试仪夹子与蓄电池极柱是否接触良好。

3）扭动钮子开关，时间不得超过 5s，蓄电池额定容量为 32～500Ah，放电电流为 100～120A（此时测试仪以 100A 蓄电池放电），电压表的指针向左偏移，根据偏移位置判断蓄电池的电量状况。

① 指针在绿区表示电量充足。

② 指针在黄区且指针稳定表示电量不足，需充电。

③ 指针向左回落快，表示蓄电池已不存电。

④ 指针回零，表示蓄电池可能断路。

⑤ 指针在红区表示蓄电池电量很低，蓄电池可能有缺陷。

5. 蓄电池是否短路或断路的检测

打开蓄电池，用金属丝接触蓄电池内部的金属条，测其单格电压是否正常；若异常，则说明该蓄电池存在短路或断路的现象。

6. 极板是否硫化的检测

在正常充电时，使用万用表测量其充电电流，若充电电流很小，而蓄电池电压上升很快，可达到 2.90V/格，而且一放电就下降到 1.74V/格以下，则一般是蓄电池极板硫化所致。

（三）蓄电池的代用

当电动自行车蓄电池的实际容量低于制造商的额定容量值的 80% 时，应更换蓄电池。由于蓄电池制造水平存在着差别，各生产厂制造工艺也各有特点，因此不同厂家的蓄电池可能存在微小差别，而这些差别往往与相关的电器匹配有关，因此，应优先选用原配厂家的蓄电池进行更换。

更换新蓄电池之前，必须先确定原蓄电池的具体型号，应根据原蓄电池外壳、充电器标注和车型来选用，如图 4-42 所示。应重点检查充电器是否能与之匹配，不符合的不能更换。

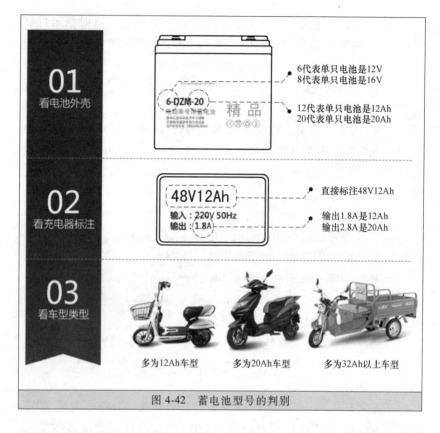

图 4-42 蓄电池型号的判别

第二节 电动自行车单元板识别、检测与代用

★ 一、控制器识别、检测与代用

　　电动自行车控制器是电动自行车的核心部件，用来控制电动自行车电动机的起动、运行、进退、速度、停止以及电动自行车的其他电子器件的核心控制器件。

　　如图 4-43 所示，为电动自行车控制器外形结构。

　　电动车控制器从结构上分为分离式和整体式两种。所谓分离式，是指控制器主体和显示部分分离。后者安装在车把上，控制器主体则

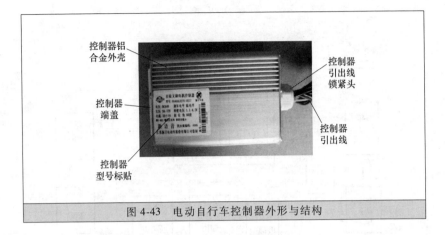

图 4-43　电动自行车控制器外形与结构

隐藏在车体包厢或电动箱内，不露在外面。这种方式使控制器与电源、电动机间连线距离缩短，车体外观显得简洁。整体式控制器的控制部分与显示部分合为一体，装在一个精致的专用塑料盒子里。盒子安装在车把的正中，盒子的面板上开有数量不等的小孔，孔径 4～5mm，外敷透明防水膜。孔内相应位置设有发光二极管以指示车速、电源和蓄电池剩余电量。

电动自行车控制器按功能又可分为有刷控制器和无刷控制器。与有刷电动机相比，无刷直流电动机大都采用脉宽调制的 PWM 控制方法调速，只是选用驱动电路、集成电路、开关电路功率晶体管和某些相关功能上的差别。

（一）控制器内部结构原理

电动自行车的智能控制器内部结构原理如图 4-44 所示，是由周边器件和主芯片（或单片机）组成。

周边器件是一些功能器件，如执行、采样等，它们是电阻、传感器、桥式开关电路，以及辅助单片机或专用集成电路完成控制过程的器件。单片机又称微控制器，是在一块集成片上把存储器、有变换信号语言的译码器、锯齿波发生器和脉宽调制功能电路以及能使开关电路功率管导通或截止、通过方波控制功率管的导通时间以及控制电动机转速的驱动电路、输入输出端口等集成在一起，而构成的计算机片。

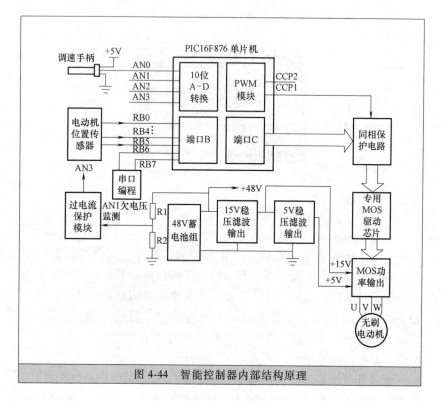

图 4-44　智能控制器内部结构原理

　　一般来说，电动自行车具有电动控制、欠电压保护、限电流保护、制动断电等功能。

　　1. 电动控制

　　当骑行者骑行时，只要转动转把就可以控制电动自动车的行驶速度。

　　2. 欠电压保护

　　电源电压低于设定的欠电压值时，控制器进入欠电压保护状态，电动机停转，欠电压灯亮，进而保护蓄电池，延长蓄电池的使用寿命。

　　3. 限电流保护

　　对控制器输出的最大电流值（一般为正常工作电流的 2~2.5 倍）进行限制，以保护蓄电池、控制器和电动机等。

4. 制动断电

电动自行车车把上两个钳形制动手柄均安装有接点开关。当制动时，开关被推押闭合或断开，而改变了原来的开关状态。这个变化形成信号传送到控制电路中，电路根据预设程序发出指令，立即切断基极驱动电路，使功率截止，停止供电。因而，既保护了功率管本身，又保护了电动机，也防止了电源的浪费。

（二）控制器的检测

用万用表可在通电和断电情况下检测控制器好坏。两种方法都不需要打开控制器外壳进行检测判断。

1. 通电检测

在确定控制器接通电源的情况下，不接其他外部器件，用万用表的电压档测量转把电源对地电压或霍尔电源对地电压，看是否在4.2~5.0V范围内。过低和过高都可以说明控制器损坏。

2. 断电检测

在控制器不通电，不接外部器件情况下，用万用表二极管档，红表笔接相线，黑表笔接红色（较粗）电源线，数值显示为400~600左右为正常，如图4-45所示（图中单位为kΩ）。反之，说明控制器该相上管损坏。

再用红表笔接黑色（较粗）地线，黑表笔接相线，数值显示为400~600左右为正常，如图4-46所示（图中单位为kΩ）。反之，说明控制器该相下管损坏。

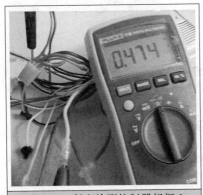

图4-45　断电检测控制器好坏1

图4-46　断电检测控制器好坏2

> **【维修日记】** 目前市面的电动自行车部分控制器具有"自检功能",例如高标控制器,会在上电和和加转把时自动检测 MOS 管是否损坏,上管损坏状态指示灯闪 5 下,下管损坏状态指示灯闪 4 下。

（三）控制器的代用

电动自行车控制器的代用应按以下要求进行。

1）电动自行车控制器的更换首先应选择正规厂家生产的产品,这样才能保证标准的规格和良好质量,以保证在电动自行车驾驶过程中不会发生不听指挥的现象。

2）选择电动自行车控制器时应保证绝对匹配。更换电动自行车控制器时应保证控制器的输出功率与电动机功率要匹配一致,最好选择厂商原配的产品。如果因客观因素找不到原配的控制器,应尽量选择控制器输出和电动机功率一致的产品。

3）选择控制器的输出功率大于电动机功率的控制器,而不选用控制器的输出功率小于电动机功率的控制器。

4）安装电动自行车控制器时,应保证电源的正、负极连接的正确,否则会造成控制器的损坏。

5）找准控制器与转把连接的插接件,如果控制器上的插件与转把上的接触件不配套,为了应急可以将插件去掉,线与线之间直接连接。但一定要将街头接牢,最好用电烙铁将电线接头焊接牢固,然后用绝缘胶布包扎好,以避免给以后的使用留下安全隐患。

6）应注意控制器与电动机之间连线的正、负极是否正确,如发现电动机出现倒转情况,应及时将电动机的正、负极倒回来,以免在驾驶时给人身安全造成损害。

★ 二、充电器识别、检测与代用

充电器是给蓄电池充电的一种电器,其实物结构如图 4-47 所示。它是将市电 220V 转换成直流电并控制其电流,电压充入蓄电池内。

目前的电动自行车普遍使用了三段式充电器,充电模式为恒压

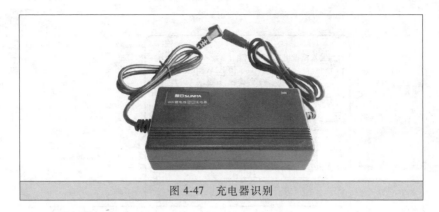

图 4-47　充电器识别

式、恒流式和脉冲式。第一个阶段叫恒流阶段，第二个阶段叫恒压阶段，第三个阶段叫涓流阶段。第二阶段和第三阶段转换时，面板指示灯相应变换，大多数充电器第一、二阶段是红灯，第三阶段变绿灯。早期的电动自行车充电器一般是恒压限流充电器，虽然也变灯，但并不是三阶段充电器。

电动自行车充电器的使用方法如下：

1）使用时，先插上连接蓄电池盒的插头，后插上交流电源插头。

2）正常充电时，充电指示灯显示为红色，蓄电池充满后，充电指示灯显示为绿色。

3）蓄电池充满后（充电指示灯为绿色时）如果要停止充电，可先拔下交流电源插头，后拔下蓄电池盒插头。

（一）充电器内部结构原理

典型充电器内部结构及电路框图如图 4-48 所示，主要是由电源部分和充电控制部分组成。

典型电动自行车充电器的工作原理如下所述：

1）AC220V 交流电压经熔丝输入，经滤波→整流→滤波变换至 300V 左右的直流电压，经取样电阻提供给电流控制型脉宽调制芯片（KA3842）初始工作电压，驱动 MOS 管开关动作。

2）开关变压器在 MOS 管的开关作用下，会不断地储存→释放，而使输出绕组感应到的电能经过整流滤波输出的直流电压。

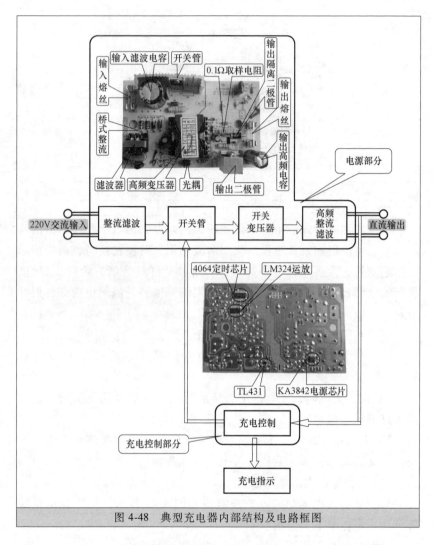

图 4-48　典型充电器内部结构及电路框图

3）整流滤波后的直流电压通过采样到电源管或运放（LM324）把信号反馈至脉宽调制芯片，以达到稳定的输出电压值。

（二）充电器的检测

当充电器不能正常充电，蓄电池充不满电、充电指示显示异常时，说明充电器存在故障。对充电器的检测方法如下：

1）首先在空载情况下，接通充电器电源，查看指示灯是否正常。

2）检查充电器的电源线是否松动、脱落、短路或断路。先检查可能的故障点，如颜色异常、有异味，用手轻轻摆动器件是否有松动，检查电路板背面的焊点等。可用万用表电阻档检查充电器电源线是否短路，与插头通断情况。

3）在空载情况下，接通充电器的电源，用万用表直流50V电压档检测充电器输出的直流电压是否正常和稳定。

4）将充电器空载通电5～10min，检查充电器壳体是否有过热现象和异味产生，检查充电器外壳有无烧坏痕迹，如充电器内部元器件有问题，通过异味或壳体发热便可反映出来。

5）电动车充电器性能好坏的检测，可通过检测充电器的实际充电参数来进行判断。利用一组放过电的蓄电池，将蓄电池、电流表、充电器连接，接通市电，如图4-49所示，测量其充电电流和电压，并记录。然后，对可变电阻进行调整，观察电流、电压的变化并做好记录，知道充电器显示充足或终止充电为止，将所测得的参数与正常的充电参数进行比对，如偏差较大，则可判断充电可能不正常。

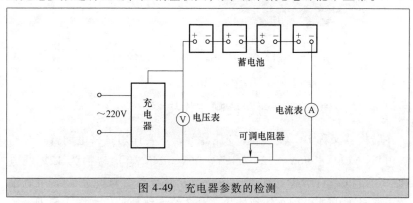

图 4-49　充电器参数的检测

（三）充电器的代换

电动自行车应选择稳定、性能可靠的正品充电器，严禁使用简化电路设计，低质低价技术指标不达标的劣质充电器。代换充电器应注意以下两点：

1）电动自行车充电器损坏需要更换新充电器时，应选用与原车同型号充电器。

2）代换充电器必须严格按照蓄电池组的电压及电容量来更换，不符合蓄电池电压及容量参数的充电器不能代换。

3）代换充电器必须注意充电器输出插口的正、负极方向与蓄电池组充电插口正、负极方向一致，方向不一致的可以拆开充电器将内部输出充电线正、负极对调，方向不一致的绝对不能对蓄电池组进行充电。目前国际标准充电器接头如图 4-50 所示，接口是三孔正面对自己，左边 N 极，右边 L 负极，顶部接口是地线，整体采用的是 T 形接口三竖、中横都可以适用，适合市面上的 90%接口。

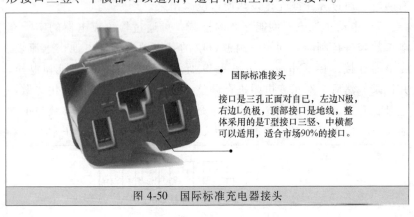

国际标准接头

接口是三孔正面对自已，左边N极，右边L负极，顶部接口是地线，整体采用的是T型接口三竖、中横都可以适用，适合市场90%的接口。

图 4-50 国际标准充电器接头

★ 三、转换器识别、检测与代换

转换器又称 DC 降压器、变压器等，主要作用是将电动自行车的高电压（120V、96V、72V、48V、36V、24V 等）转换为 12V 低电压，用于电动自行车的照明、扬声器、转向灯、灯光指示等用电设备。常见的电动自行车转换器主要分 3 线 5 线两种，如图 4-51 所示。

3 线转换器的红线与黑线为输入电压，与电门锁相接，黄线与黑线为输出电压。5 线电动自行车转换器一般红线与黑线为输入正极，绿线为电门锁，黄线和蓝线为输出负极。无论是 3 线或 5 线转换器，一般均在输入端接有熔丝管。

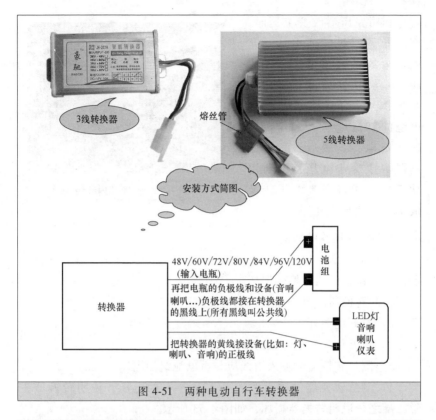

图 4-51 两种电动自行车转换器

【维修日记】 转换器是根据电动自行车灯具、扬声器的工作电压选装，并不是所有电动自行车上安装有转换器，有的车有安装，有的车没有安装。一般 48V 电动车都没有转换器，其灯具和扬声器等工作电压均为 48V，而 60V 和 72V 等车型一般都有安装转换器，通过转换器降压至 12V 电压供灯具、扬声器等低压用电设备使用。

（一）转换器内部结构原理

电动车转换器的内部结构如图 4-52 所示，DC-DC 转换器的主要部件是变压器。变压器由一次侧（输入侧、充电蓄电池侧）和二次侧（输出侧、铅蓄电池侧）两种线圈构成。线圈比与电压比成比例。

利用变压器改变电压时，变压器需通过交流电压。充电蓄电池是直流电压，因此DC-DC 转换器通过利用功率半导体 ON/OFF 来自充电蓄电池的直流电压，将其转换成交流电压。然后，利用变压器转换交流电压，再利用功率半导体将交流电压转换成 12V 的直流电压。

图 4-52　转换器内部结构

（二）转换器的检测

转换器的常见故障是不能输 12V，如果电动自行车中灯具和扬声器都不工作，说明转换器损坏。

检测转换器的方法如下：

1）打开电源开关。

2）将万用表置于直流 200V 电压档位。

3）测量转换器的输入引线应与蓄电池组的电压一致。

4）测量转换器的输出线应有 12V 左右的电压，说明转换器正常，反之，说明转换器损坏，如图 4-53 所示。

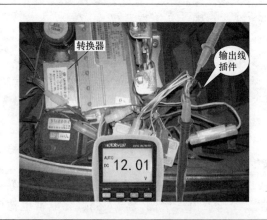

图 4-53　测量转换器输出线电压

5）检修转换器时，注意检查转换器的红色输入引线上，大多数厂商安装有一个10A熔丝管，检修时注意检查熔丝管是否损坏，如果损坏，更换同型号熔丝管。

（三）转换器的代换

1. 型号的选择

选择电动自行车转换器应与原车型输入电压、输出电流和输出电压相符号，这些参数一般标注在转换器的外壳上，如图4-54所示。

因此，代换转换器之前，一定要确定好原电动自行车用电设备功率和电流，超过转换器参数规定的范围会导致烧毁转换器或用电设备。最好选择输入电压通用的48~120V转换器。对于原车灯和扬声器使用基础上应选择与原配参数一致的转换

图4-54　转换器参数

器。对于加装或改装了例如氙气灯、蜗牛扬声器等大电流用电设备，应选择与原车输出电流大的转换器，例如10A加大至20A。

2. 安装方法及注意事项

目前，电动自行车转换器分为3线和5线两种规格形式，一般在转换器的外壳都注明了各接线的定义，安装时应按要求接线，注意正、负极线不能接错，否则会立即烧坏转换器或低压用电设备。

（1）3线转换器安装方法

3线转换器安装方法如图4-55所示。

1）将转换器的红线（输入正极线）接蓄电池的正极线。

2）将转换器的黑线（输入/输出共用负极线）接蓄电池的负极线。

3）用电压表测量转换器输出电压（输出粉红线与共用负极黑线）是否为12V。

4）将转换器的输出粉红线接设备（灯、扬声器、音响）的正极线即可。

图 4-55 3线转换器安装方法

（2）5线转换器安装方法

5线智能转换器比3线普通转换器多了转换器输出功率调节信号线（连接电动车速度信号线）和转换器启动线（连接锁出线），如图4-56所示，为直流隔离转换器接线图。

绿线为锁线，绿线和红线相连接，转换器开始工作。如果断开即可关闭。黑线为负极，红线为输入正极，黄线为输出12V。

转换器的安装位置应避开与水接触到的地方，例如安装在车头盖内或坐垫下面。另外，散热铝合金外盖和线的出口处还要进行灌胶防水处理，以免因进水导致损坏。

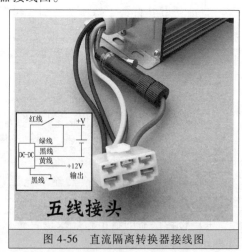

图 4-56 直流隔离转换器接线图

★ 四、助力传感器识别、检测与代用

助力传感器多用在小功率的电动自行车上，助力：顾名思义，它指用户通过脚踏板人力骑行时，电动机会给予适当的辅助力。控制器控制电动机在什么时候和给予多大的助力，就需要助力传感器来传递信号。这种方式可以人力电力同时使用，用户既能锻炼身体又不会感到疲劳。

（一）助力传感器内部结构原理

助力传感器有多种，如图 4-57 所示，是比较常见的一种。黑色轮状与电动自行车脚踏板中轴相连并一起转动，轮上均匀安置有一些磁片。白色圆环则是固定的，上面有一个小型集成电路，在 5V 电源下工作，可以感应到磁场的变化，通过其信号输出线输出相应的信号。输出信号有一种是矩形波，其频率与脉宽随踏板传递相应变化，控制器因此控制输出电动机驱动信号的 PWM，来控制助力大小，即控制助力比。

还有的助力传感器输出的随踏板转速变化的模拟电压，这种助力传感器并接控制器转把上，控制器就根据模拟电压大小控制助力比。

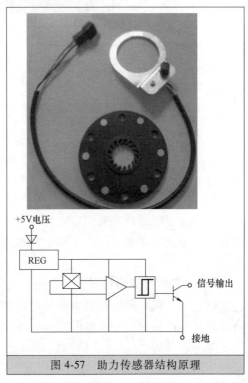

图 4-57　助力传感器结构原理

（二）助力传感器检测

助力传感器损坏后，电动自行车能正常行驶，但将失去助力的功能。在检测助力传感器有输入电压，而无输出信号，则说明因助力传

感器本身损坏所致。

检测助力传感器的具体步骤如下：

1）首先找到助力传感器的安装位置，如图 4-58 所示。

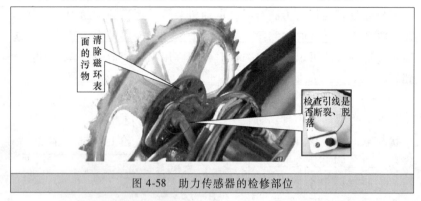

图 4-58　助力传感器的检修部位

2）检查助力传感器磁环表面是否有污物。若发现有污物，应进行清除。

3）检查助力传感器引线是否有断裂、脱落现象。若发现有，应进行修复或更换。

4）拔下与控制器相接的插头，使用万用表检测助力传感器的电源线（红线）是否有 5V 电压。若有 5V 电压，再测量其输出信号线（绿线）的电阻值。若电阻很大，则说明助力传感器有可能损坏，需要更换。也可以通过采集仪检测其输出信号线，看能否采集到正常的数据、波形及频率等。若测不到正常的波形或频率，则说明其性能不正常。

（三）助力传感器代用

助力传感器不能输出助力信号时，会产生助力功能失效的故障，需要更换新的相同型号规格助力传感器。

图 4-59 所示为中轴式助力传感器装配图，中间的黑盘是磁盘，有电缆的模块是助力传感器。电缆是 3 条芯线，它分别是 5V 供电（红线）、接地（黑线或黄线）、信号输出（绿线或蓝线），这 3 条线可与转把线按相同的颜色或功能并联接在一起。而传感器和磁盘安装在中轴的右侧，其中传感器安装在中轴的外架上并用磁帽固定，而磁

盘安装在中轴上。这样人力脚踏助力时，磁盘随中轴旋转，被传感器检测后再通过模块放大、整形就形成了脉冲助力信号。该信号由控制器放大后，就会驱动电动机旋转，实现助力控制。安装磁盘时要注意方向和位置，有磁钢的一面要面向车架，并且与传感器有 1～4mm 的距离。

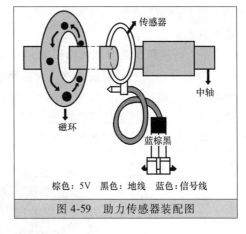

图 4-59　助力传感器装配图

★ 五、仪表板识别、检测与代用

电动自行车的仪表用来显示电动车电气方面或行驶中的状态。比较常见的有指针仪表、液晶仪表、发光二极管仪表和智能显示仪表等。

（一）指针仪表内部结构原理

指针仪表包含：蓄电池电压指针表指示蓄电池电压（V）、整车速度指针表指示（km/h）时速、累计行驶公里数通过 6 位数字码盘表显示、左右转向灯指示、前照灯指示等内容。

这类仪表结构原理如图 4-60 所示。

电压指针表是普通的 50V 直流电压表头。

累计行驶里程数字表是 6 个"十进制"的齿轮计数器，整车速度指示表是个阻尼转速

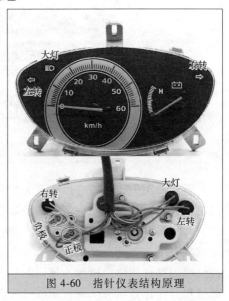

图 4-60　指针仪表结构原理

137

表，它们共用一个转速输入信号进行换算，通过机械传动实现各自的指示功能。

（二）液晶仪表内部结构原理

液晶显示仪表最擅长的就是对各种数据（如时速、蓄电池电压、行驶里程、骑行时间、环境温度等）的数字化精确显示，使操作人员能一目了然地看见精确的数值。

这类仪表结构原理如图 4-61 所示。

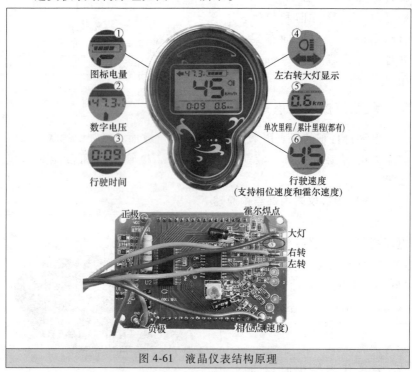

图 4-61　液晶仪表结构原理

通过专用的霍尔传感器的开关信号，传输给液晶显示仪表总成上的单片机，对单位时间内车轮转动圈数的计数，能算出整车的行驶时速，对行驶时速和行驶时间相乘，能计算出整车行驶累计里程。

也有的车型液晶显示仪表总成内部无单片机，而是在无刷电动机控制器内部选用单片机作为译码芯片，能对电动机运行时速和累计行驶里程直接计算出来，输送到液晶显示仪表。仪表总成内部就没有单片机了。

【维修日记】　液晶仪表如果损坏，在应急情况下，可以将转把与闸把的引线直接供给控制器使用。

（三）发光二极管仪表内部结构原理

发光二极管指示类仪表精度比较高，价格便宜，目前在电动车仪表中被广泛采用。此类仪表的结构原理如图 4-62 所示。

发光二极管与普通二极管一样是由一个 PN 结组成，也具有单向导电性。当给发光二极管加上正向电压后，从 P 区注入到 N 区的空穴和由 N 区注入到 P 区的电子，在 PN 结附近数微米内分别与 N 区的电子和 P 区的空穴复合，产生自发辐射的荧光。不同的半导体材料中电子和空穴所处的能量状态不同。当电子和空穴复合时释放出的能量多少不同，释放出的能量越多，则发出的光的波长越短。常用的是发红光、绿光或黄光的二极管。

发光二极管仪表的电路属于电子电路，与整车灯具电路分离。利用发光二极管模拟指示蓄电池电压的高、中、低和蓄电池是否欠电压。

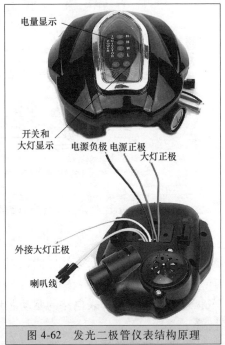

图 4-62　发光二极管仪表结构原理

（四）智能显示仪表内部结构原理

智能显示仪表结构功能如图 4-63 所示，显示的内容比较多，不但能显示蓄电池电压的高、中、低与欠电压，还能显示整车处于何种骑行模式等功能。

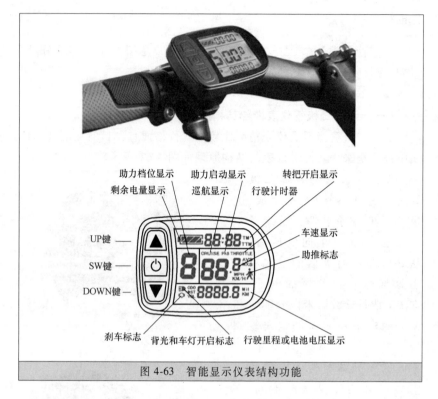

图 4-63   智能显示仪表结构功能

智能显示仪表必须要和相应的智能控制器匹配使用，仪表板上发光二极管的亮和灭的状态受智能控制器的控制。智能型电动车一般具有"1：1助力""电动""定速"三种骑行模式。控制器将目前的整车状态数据传送给仪表电路的驱动芯片，动态刷新点亮相应的发光二极管。

发光二极管智能显示仪表，显示功能多，接线简单，价格低，目前在电动车行业使用比较多。

除了这些正常的显示功能之外，它和控制器配合使用还能显示整车电气控制部件的故障。用智能仪表板对整车进行故障检测时，各发光二级管对应的显示含义为：

1）各指示灯闪3次，检测指示灯是否能正常工作。

2）电量指示灯顺序指示三个霍尔元件的通电情况与电动机磁钢

的位置关系。用手转动电动机时，三个指示灯顺序点亮，如果指示灯点亮的顺序是 100、110、111、011、001、000（其中 1 代表亮，0 代表灭），则说明该无刷电动机的相角是 60°，如果指示灯点亮的顺序是 100、110、010、011、001、101，则说明该无刷电动机的相角是 120°。

3）按下智能模式转换按扭时，"助力"指示灯亮，表示断电闸把有效。

4）缓慢转动转把，"欠压"指示灯的闪烁频率与转把的转动角度呈对应关系。转把在原始位置，指示灯不闪；转把转动角度越大，指示灯闪得越快，则表示转把信号正常。如果没有此对应关系，则可能是转把损坏或引线接触不良。

5）分别捏左右闸把，"电动"指示灯亮，松开则不亮。

6）缓慢转动脚蹬轮盘一圈，"定速"指示灯闪烁 5 次，指示助力传感器工作正常。

（五）仪表板的检测与代用

1）仪板拆装时，一定要注意各引线的颜色与位置，参照各种仪表的电路原理，了解各引线的功能。由于仪表电路没有专门的封闭外壳密封，属于开放式电路。绝大多数仪表电路上也同时集成了扬声器电路、转向和蜂鸣电路、有的仪表还有各种灯具的过渡电路，这些电路的电压一般就是蓄电池组的 24V 或 36V 电压，但是仪表的显示信号电路电压一般是 15V 以下电路，这样在显示仪表板上就形成了高低压电路并存的情况，而且仪表电路常常就是各种引线的汇合处，因此拆装过程中，务必将蓄电池拆卸掉，等连接好各种引线后，将各种开关全部置于"关"的位置，用万用表的二极管档测量 +36V 线、+15V 线、+12V 线与地线，测得没有短路现象以后，才能装上蓄电池通电。

2）由于电动自行车使用的是车载蓄电池的有限能源，它们的共同之处是都有蓄电池电压显示，而且它们一般都和转把与闸把等控制信号分离。因此，在应急情况下，我们只要检测出仪表电路的电源正负极蓄电池接线、+15V、+12V、+5V 地线，将这些线对应接好，就可以实现仪表的代换，完成基本显示功能了。

3）指针仪表电路不依赖于控制电路，能独立工作，电路的接线比较简单，集成度比较低。此类仪表故障应重点检查引线或仪表头是否正常。代用时一般选择同规格型号的仪表板。在拆装仪表的时候，需要特别注意的是电源的正负极不能搞错。闪光器是提供转向灯泡间隙电压，以便能使转向灯泡闪烁。闪光器外壳的引脚标注 B 表示正极（Battery），L 表示负极（Light），接线时不能接错。

4）液晶仪表的电路复杂，故障率相对也高，如果损坏，会造成仪表整体无电量显示，和仪表某种功能不能正常工作。有的液晶仪表电路可以不依赖于控制器电路，能独立工作，有的液晶仪表必须依赖控制器里面的单片机的数字信号才能工作。由于涉及显示驱动程序的软件与单片机的型号，这种仪表一旦出现故障，只能更换仪表总成。更换液晶代表总成时，参照线色定义，与原车仪表线路一一对应即可。如出现开前照灯显示行驶速度，可调换前照灯线和测速线的位置即可。同理：如出现开左转向灯，仪表右转向灯闪烁，可对调左转灯接线和右转向灯接线的位置即可。

5）发光二极管仪表的信号采集与信号处理采用数字逻辑芯片，电路不依赖于控制器电路，能独立工作。有的电动车转把和闸把的信号经过仪表板过渡，然后输出给控制器。在应急情况下，可以将转把与闸把的引线直接供给控制器使用。

6）智能显示仪表板的显示内容依赖于控制器的数据信号，如果仪表板出现故障，应更换仪表板总成。应急修理时，可以将转把与闸把信号直接与控制器相连。

第三节　电动自行车元器件焊接与板块连接

★ 一、集成电路的焊接

（一）拆卸方法

集成电路主要应用于电动车的控制器、充电器及转换器的电路板中。当这些电路板上的集成电路出现故障需要更换时，就必须要将损坏的集成电路从电路板上拆卸下来更换。因集成电路为诸多半导体元器件集合而成，其引脚又多又密，拆卸比较麻烦，稍不注意即会造成元器件的损坏和印制导线的断裂而损坏电路板等造成不应有的损失。下面介绍几种简便且行之有效的拆卸方法，熟练掌握这些技能，对维修电动车会有很大帮助。

1. 吸锡拆卸法

采用吸锡拆卸法拆卸电动车电路板上的集成电路比较常用，具体又分以为金属编织带吸锡法和专用吸焊两用烙铁吸锡法两种拆卸方法。

2. 金属纺织带吸锡法

金属编织带吸锡法，即取一段多股金属编织带，浸上松香精溶液，用电烙铁对集成电路的引脚和编织带同时加温，当加温到一定温度后，引脚上的焊锡溶化被编织带吸附住，然后将编织带吃上锡的段剪去。再用同样的方法去吸其他引脚上的焊锡，待全部引脚上的焊锡被吸完后，用小刀轻轻托起集成电路将其卸下。

3. 专用吸焊两用烙铁吸锡法

采用专用吸、焊两用烙铁（功率一般为 25～35W）拆卸集成电路时，首先应插上电源加热，当加热到一定程度时，将电烙铁头放在集成电路的引脚上，待焊点溶化后被吸入吸腔内，全部引脚的焊锡吸完后，再用专用工具将集成电路从电路上拆下。

4. 熔焊扫刷拆卸法

熔焊扫刷拆卸法使用的工具为一把电烙铁和一个毛刷，采用此种方法拆卸集成电路时，重点要掌握电烙铁的温度，既要熔化焊点使引脚与电路板分离，又不要因加热过度而损坏电路板。具体操作方法是：先将电路铁加热，待加热到一定程度时将集成电路引脚上的焊锡熔化，并趁热用毛刷将熔化的焊锡扫掉，使引脚与电路板完全分开后，再用小刀将集成电路取下。

5. 增焊拆卸法

使用增焊拆卸法拆卸集成电路时，先在其引脚上另外增加一层焊锡，致使每列引脚的焊点连接起来，便于传热。接着继续使用电烙铁一边对其加热，一边用一只小规格一字螺钉旋具轻轻撬动各引脚，一般情况下每列引脚需要加热两次方可将其拆卸下来。使用此种方法拆卸集成电路时，要细心，不能在加热未到位的情况下撬动过猛，反之，会对 IC 和 PCB 基板造成损坏。

6. 拉线拆卸法

拉线拆卸法主要用于贴片式集成电路的拆卸，具体操作方法如图 4-64 所示：图中为某电动车控制器 PCB 板，根据集成电路的大小取一根长度和粗细合适的漆包线，把它沿集成电路引脚底部的空隙穿过，将漆包线的一端与某一固定元器件系牢，或者将其一端刮净上锡后焊在电路板的某一焊点上，然后按拉线穿过引脚的顺序用 35W 尖头电烙铁对其引脚进行加热，当每个引脚的焊点熔化到一定程度时，即用手捏住拉线向外拉扯，使引脚与电路板脱离。

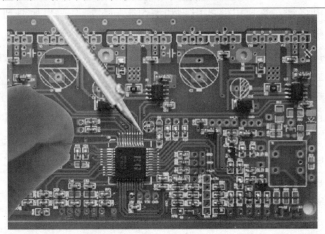

图 4-64   使用拉线拆卸法在电动车控制器上的集成电路

7. 热风枪加热拆卸法

在拆卸微型片状集成电路时可采用热风枪加热配合电烙铁进行拆卸，最好使用如图 4-65 所示的二合一热风拆焊台专用拆焊工具。具体方法是：首先为防止损坏焊盘，应使用 35W 尖头电烙铁将松香均匀涂在片状集成电路引脚的四周。然后启动热风枪对集成电路的引脚进行加热，待各引脚烤盘熔化后，最后用起拔器将集成电路推离焊盘，即可卸下集成电路。采用此种拆卸方法的关键是使用热风枪给集成电路各引脚加热时操作速度要快，卸下集成电路前各引脚焊盘熔化应均匀。

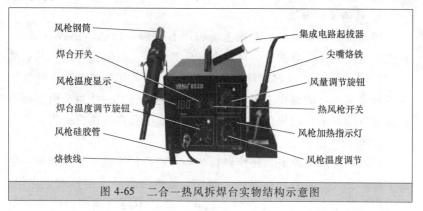

风枪钢筒

焊台开关

风枪温度显示

焊台温度调节旋钮

风枪硅胶管

烙铁线

集成电路起拔器

尖嘴烙铁

风量调节旋钮

热风枪开关

风枪加热指示灯

风枪温度调节

图 4-65　二合一热风拆焊台实物结构示意图

（二）焊接方法

使用手工对集成电路的焊接比较麻烦，操作时应按照以下三个步骤进行。

1. 准备焊接

集成电路为精密元器件，其功能强大，但体积小巧，引脚多而密，给焊接带来很大困难。在焊接前做好充分的准备工作十分重要，具体应做以下准备工作：

（1）准备好需要的焊接工具和材料

焊接工具的电烙铁功率不能太大，一般为 25~35W 的尖嘴电烙铁，最好选用降静电且带吸锡器的电烙铁；焊接材料主要准备松香、低熔点焊锡丝、焊锡膏、天那水及纯酒精等。

（2）焊接前应清理好集成电路周围的电路板

焊接前用电烙铁对电路板拆卸的部位进行平整，用小毛刷蘸上天那水将电路板上准备焊接的部位刷净，仔细检查电路板印制电路板有无起皮、断落现象。若有起皮现象，只需平整一下就可以了，若有断落，则需要用细铜丝连接好。再将准备焊接的集成电路周围的元器件左右扳开点，以免电烙铁伸向焊接处时烫坏其他元器件。

（3）引脚上锡

新集成电路在出厂时其引脚已上锡，不必作任何处理。如果是用过的集成电路，需清除引脚上的污物，并对引脚上锡和调整处理后才能使用。

2. 具体操作方法

将集成电路安放在电路板上，将所有引脚与印刷电路各自对正。首先焊接好四排引脚的首、尾焊点，使其固定，以防止移位。然后采用"拉焊"法进行施焊，即在电烙铁头上带一小滴焊锡，将电烙铁头沿着集成电路的整排引脚自左向右轻轻地拉过去，使每个引脚都被焊接在电路板上。使用此种方法焊接好集成电路四周所有引脚。

3. 检查焊点

焊接好集成电路后，还应对每个焊点进行仔细检查。检查焊点是否牢固、光亮；是否存在虚焊、漏焊；是否与其他元器件发生连焊。若发现上述情况，应立即补焊或改正。最后用纯酒精棉球擦净各引脚，除去引脚上的松香及焊渣。

（三）拆装注意的事项

1）对集成电路拆卸或焊接时使用的电路铁应不带电或接地。在电烙铁达到所需温度后应拔下电源插头，才能进行拆卸或焊接操作，以避免感应电击穿集成电路或损坏其他元器件。

2）拆卸或焊接集成电路时要注意其最高温度应控制在250℃左右，最长焊接时间应控制在6s以内。

3）一些大功率集成电路一般配备具有散热功能的散热盒或散热片，用来防止集成电路因受热而损坏。在更换集成电路时，应将散热部件重新固定好，使之与集成电路紧密接触。

★ 二、大功率器件的拆装

大功率器件主要应用于控制器主板和充电器中，例如MOS管、三端稳压管、场效应晶体管、开关变压器等。维修中当对它们进行更换时，对它们拆装应掌握以下方法及注意事项。

1）拆卸MOS管或三端稳压管时，应将MOS管或三端稳压管的引脚剪断，然后用电烙铁分别将它们的引脚焊下，以避免拆卸时损坏印制电路板的焊盘。

2）在焊接前应把印制电路板的电源线与地线短接，焊接完毕后才分开；焊接用的仪器仪表、工作台、电烙铁必须有良好的接地；在元器件架上取下管子时，应以适当的方式确保人体接地；安装时若需要弯曲引脚时，应在大于管子根部尺寸 5mm 以上处进行，以防止将引脚折断而引起漏气。

3）拆装场效应晶体管时，必须在关断电源的情况下进行，不允许在未断电时，将管子插入电路或从电路中拔出管子，以确保人身安全。

4）如图 4-66 所示，在安装大功率管时，为防止管件振动，安装时应将管子紧固起来。

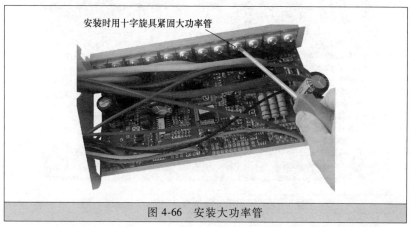

图 4-66　安装大功率管

5）安装场效应晶体管时，应尽量远离发热元器件，以防止受热损坏。

6）MOS 场效应晶体管各引脚的焊接顺序是漏极、源极、栅极，拆机时的顺序相反。为了防止管子击穿，在接入电路时，必须将管子各引线短接，焊接完毕再将短接材料去掉。

7）MOS 场效应晶体管的栅极在允许条件下，最好接入保护晶体二极管。以防止场效应晶体管栅极击穿。

8）对于功率型场效应晶体管，由于在高负荷条件下运行，为了保持良好的散热条件，所以在安装时，必须按照管子外形设计足够散热片，以确保壳体温度不超过额定值，使器件能长期稳定工作。

9）对充电器电路中的开关变压器的拆焊步骤如下：

①首先，将充电器电路板置于工作台上（电路板铜箔面向上）。

将吸锡器活塞压下，并将电烙铁预热。

② 使用吸锡电烙铁对准电源变压器各引脚，吸去熔化的焊锡，使各引脚与电路板脱开。即可将开关变压器从电路板上卸下。如图4-67所示。

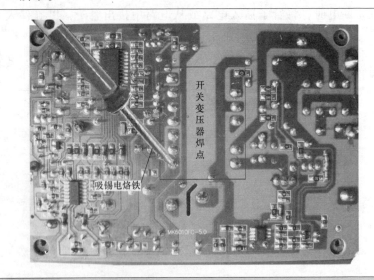

图 4-67　焊下开关电源变压器操作示意图

③ 安装开关变压器时，将开关变压器各引脚穿入电路板上对应的焊孔中，焊好后，用斜口钳剪去过长的引脚即可。

★三、霍尔元件的焊接与板块连接

霍尔元件耐压值较低，在电动机线圈漏电时容易被击穿，特别是无刷电动机大部分故障都是因霍尔元件引起的。例如，无刷电动机断相一般是因霍尔元件损坏而引起的。另外相当一部分控制器故障也是因霍尔元件引起的。所以在维修电动车时，经常遇到需要拆装霍尔元件。

霍尔元件为精密器件，对其安装不当将直接影响到无刷电动机的运行性能，在拆装时应注意以下事项：

1）更换霍尔元件前，应检查电动机线是否存在缠绕、外皮破损、线路短路等。

2）更换霍尔元件前，还要弄清电动机的相位代数角是多少度，因相位角不同安放的方式也不一样，如60°相位电动机的3个霍尔元件是平行摆放的，而120°相位电动机的3个霍尔元件则是180°位置摆放如图4-68所示。

3）安装时应注意霍尔引脚定义（有标记的一面朝向自己：（左）电源正；（中）接地；（右）信号输出。

4）安装时应按原装霍尔元件安装方式将新霍尔元件装上，然后用专用胶水固定。

5）为保证电动机换相位置的精确，霍尔元件损坏时一般应同时更换所有的三个霍尔元件。

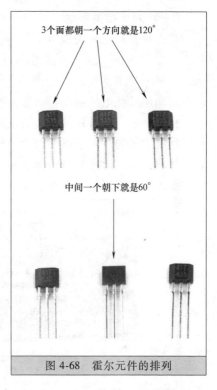

图4-68　霍尔元件的排列

6）焊接时，应选用低压小功率（12V/35W）烙铁，且烙铁温度不宜过高。

7）焊接时焊接时间不能太长。

8）焊接霍尔时，应先分别在霍尔元件引脚和接线头上上适量焊锡，然后套上热缩管，再对接焊上，焊点宜小不宜大。焊接完毕后，对热缩管加热，防止短路现象。

9）在操作过程中，严禁将电动机大线与小线接触。

10）装好电动机，用配线仪检测霍尔元件是否反应正常。

★四、通用控制器代用与板块连接

一般情况下，维修人员大多用通用控制器，又称自学习型万能控制器，来代换维修，这样经济实惠，容易购买配件，但更换的技术难度增加了。下面重点介绍更换此类控制器的操作步骤。

（一）对比相关参数

首先检查对比相关参数是否吻合，注意查看原控制器上的合格证参数（如图 4-69 所示），如原车电动机是 60°还是 120°相位的电动机、控制器是多少管的、是否三速、功率是多大、电压是多高，是高电平制动还是低电平制动、是否具有巡航定速、电子制动、储能返充电、制动断电、语音提示、防盗抱死、仪表显示等功能。选用通用控制器时就需要同时考虑以上因素。再根据以上参数购买参数基本接近的控制器，购买时注意看控制器的外包装参数表（如图 4-70 所示），打黑点表示该控制器具有该功能。

图 4-69　原控制器上的合格证参数

	48V-68V	72V-84V	功率	功能	类型
6管			□350W	●三速	□圆头
9管			□450W	□倒车	□狮龙
12管			□500W	□巡航	□立马

图 4-70　控制器的外包装参数表

（二）了解接线端子是否匹配

改线时，由于连接插头不匹配，可拆下旧控制器上的连接插头用到新的控制器上，这样公母头就匹配了。这时就要用到前面介绍的拆连接头触片的工具，将触片从连接头上拆出，再按颜色对应装到新的控制器上。但要注意，相同颜色的线不一定对应就是对的，要注意查看新控制器接线示意图（如图4-71所示），以相同的功能线对接为准。通用控制器一般同时具有高电平和低电平制动线，原机是高电平制动，就接高电平线，原机是低电平制动就接低电平线。要注意区分和识别各接插件（如图4-72所示）。通常情况下，与电源有关的都是带红线的母插头，其他的线大多是采用公插头。了解了以上知识后就可以着手更换控制器了。

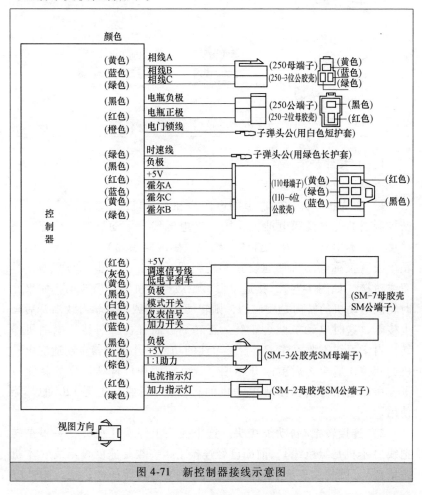

图4-71 新控制器接线示意图

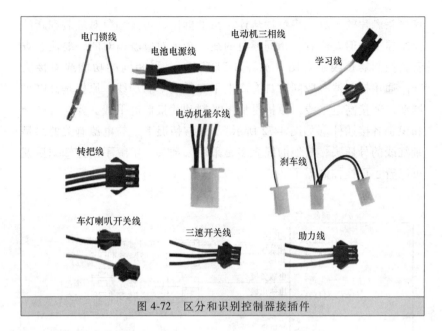

电门锁线　电池电源线　电动机三相线　学习线　电动机霍尔线　转把线　刹车线　车灯喇叭开关线　三速开关线　助力线

图 4-72　区分和识别控制器接插件

（三）接线步骤

控制器的接线步骤如下：

1）首先拆除原控制器上的电源线和电动机线（如图 4-73），用新控制器的电源线和电动机线接上（电源线与电动机线一般都可直接接上，不用改线，注意红线对红线。黑线对黑线），再接上电动机霍尔线（又称电动机加速线）和转把线，将新控制器上的两根自学习线对接（如图 4-74），接通电源，轮毂电动机将慢慢转动，如果此时轮毂电动机的转向是反向的，则转动转把，或将自学习线断开后马上接上，这时电动机就会正转。正转后，断开自学习线，电动机停转，自学习线不要再连了。自学习线的功能是让控制器自动适应电动机的相位，适应之后就断开不用了，电动机相位自学习任务就完成了，所以通用控制器不管电动机的相位是 60°的，还是 120°的都能使用。

2）连接转把/制动线接头。这个插头上注意几根线，一根是转把线（本机是绿色线），前面已经连接了；一根是速度显示线（本机是紫色），就是仪表盘上的仪表线。连接之后转动加速转把，指针应

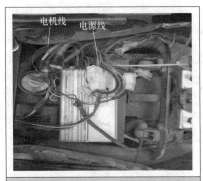

图 4-73 拆除原控制器上的
电源线和电动机线

图 4-74 两根自学习
线对接

摆动，若不摆动，则说明连接不对；还有一根就是制动线（本机高电平制动是绿黄，低电平制动是白色线），制动线看原机控制器上是高电平制动，则将高电平制动线插入转把/制动线插头内，接线后，转动加速转把的同时，握制动转把，看轮毂电动机转动没有，同时观察后制动灯亮没有，正常情况是后制动灯亮，但电动机不转。若电动机仍然转动，则说明制动线接错。原车为高电平制动，若接低电平制动线，则握制动后，电动机仍然会转动。

3）连接防盗线插头。这个插头有的控制器是采用 2 个连接头（2 根电源线插头，3 根信号线插头），有的控制器是采用一体连接头，即 5 根线的连接头，上排 2 根为电源，下排 3 根为信号线。根据原控制器的连接方法进行连接，连接头不对应，可拆下旧控制器上的连接头进行连接。连接时先连接 2 根电源线，再按颜色对应连接另 3 根线，关闭电门锁，按遥控器上的上锁按钮，再转动轮毂电动机，正常情况下，轮毂电动机转不动，且报警器发出强报警声。若报警器发出报警声，但轮毂电动机能转动，则调换 3 根信号线中除电启动线外的任意两根，直到按下上锁键，转动轮毂电动机时，报警器报警，但轮毂电动机转不动，则说明连接正确。

（四）固定好控制器和做好防水处理

经过以上连接后，电动车的基本功能都已具备了，若有其他的专用功能线，则按示意图进行连接即可。连接好后，固定控制器，用扎带将电动机线、电源线等大电流线固定，以防松动造成接触不良而烧坏控制器。同时要装好外壳，以防进水，进水是控制器损坏的主要原因，一定要做好防水处理，装好座位舱。

第五章
易学快修第3步——案例维修现场

第一节　绿源电动自行车案例易学快修

（一）【询问现象】绿源电动自行车开转向灯不亮

【初步判断】　根据故障现象可初步判断为转向开关失灵所致，需要拆板维修。

【拆机检查】　首先拔掉转向开关插件，将转向开关从转把上拆下，用一字螺钉旋具拆开转向开关的塑料件，发现开关触点严重氧化，造成接触不良，如图5-1所示。

【故障排除】　用砂纸将触点打磨，或更换新的同规格转向开关，即可排除故障。

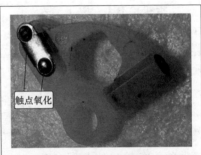

触点氧化

图 5-1　转向开关触点氧化

✐ 【维修日记】　为杜绝再次氧化，可在转向开关触点与铜片相接处涂点机油抗氧化。

（二）【询问现象】绿源电动自行车（通用型）停车时按遥控器锁住电动机后，等开车时报警器无法解锁

【初步判断】　根据故障现象可初步判断为报警器或控制器故障，需要拆板维修。

【拆机检查】　首先检查报警器，用小号十字形螺钉旋具松开遥控器后盖板的螺钉，取下遥控器蓄电池（12V），用万用表测量蓄电池电压不足9V，说明蓄电池亏电。

【故障排除】 用相同型号的蓄电池更换，按遥控器按键试验，能正常锁住电动机和解锁，故障排除。

【维修日记】 电动自行车遥控器内部电路采用集成电路，元器件一般为贴片元器件，一般故障率较低。常见的故障有遥控器内部蓄电池亏电、遥控器内部灰尘过多、遥控器进水等，一般查到故障原因，对症进行处理即可排除故障。

（三）【询问现象】绿源电动自行车（采用64V/500W电动机/控制器）行驶正常，但前照灯、转向灯、扬声器均不工作

【初步判断】 根据故障现象可初步判断为转换器故障，需要拆板维修。

【拆机检查】 取下后车座，找到转换器（型号为161000012HT1703），如图5-2所示。用万用表的直流200V档测量转换器的红、绿进线电压为49V，说明转换器供电正常。接下来测量转换器的粉色输出线与绿色负极线电压为0V，说明转换器损坏。

【故障排除】 采用相同型号规格转换器代换后，打开电源锁，分别打开前照灯、转向灯、扬声器开关试验，正常，说明故障排除。

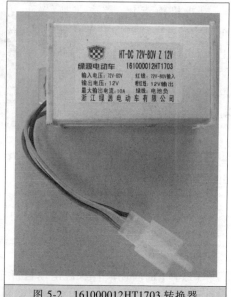

图5-2 161000012HT1703转换器

【维修日记】 代换转换器应注意：对于原车灯和扬声器使用原则上应选择与原配参数一致的转换器。对于加装或改装了例如氙气灯、蜗牛扬声器等大电流用电设备，应选择比原车输出电流大的转换器，例如10A加大至20A。

（四）【询问现象】**绿源电动自行车**（通用型）**充电时间短**

【初步判断】 根据故障现象可初步判断为充电器温升过高致使保护电路工作，造成充电器提前停止充电，需要拆板维修。

【拆机检查】 充电器温升过高，一般是由于风扇没有工作所致。用手捂住风扇通风口，感觉风扇没有工作。拆开充电器外壳，将风扇从电路板上焊下，用万用表测风扇两根引线阻值为几乎为零，说明风扇电动机损坏，如图5-3所示。

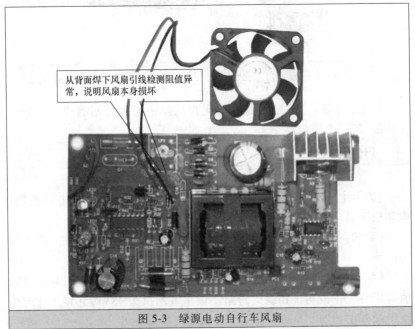

从背面焊下风扇引线检测阻值异常，说明风扇本身损坏

图5-3 绿源电动自行车风扇

【故障排除】 更换相同规格风扇后，故障排除。

【维修日记】 当蓄电池组性能严重老化或某单节是否掉格、风扇驱动晶体管损坏也会出现此类故障。

（五）【询问现象】**绿源电动自行车**（通用型）**电动机转速慢**

【初步判断】 根据故障现象可初步判断为控制器故障，需要拆板维修。

【拆机检查】 万用表电压档测量控制器电源电压和电动机引线电压，转动调速手柄，变化超过 1V（正常情况电压应在 1V 以下），说明控制器存在故障，该车原配控制器如图 5-4 所示。

图 5-4 绿源电动自行车控制器

【故障排除】 采用新的原厂或相同规格通用控制器更换，即可排除故障。

✎【维修日记】 当调速手柄不良，也会出现类似故障。

（六）【询问现象】绿源电动自行车（通用型）打开电门锁后，电动机不转

【初步判断】 根据故障现象可初步判断为电动机故障，需要拆板维修。

【拆机检查】 首先用万用表检测电动机三相线绕组其中一组阻值为无穷大，说明该相绕组断路。该车电动机为 48V/350W，电动机绕组展开图如图 5-5 所示，供维修检测代换时参考。

【故障排除】 重新绕制电动机线圈或更换新的同型号电动机，即可排除故障。

✎【维修日记】 该车电动机为 36 槽楔，槽开口在外，下线方便，可直接在铁心上绕制。

（七）【询问现象】绿源 36V 电动自行车充电器输出只有 8~10V 左右，且红灯闪烁

【初步判断】 根据故障现象可初步判断为充电器内部电路板故

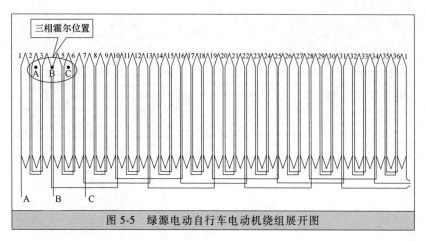

图 5-5　绿源电动自行车电动机绕组展开图

障，需要拆板维修。

【拆机检查】　拆开充电器外壳，检查 IC1（UC3845）的⑦脚无电源电压输入，检测其外围元器件，测 VT2 开关管正常，进一步检查，发现稳压块 IC5（TL431）表面已烧坏，如图 5-6 所示。

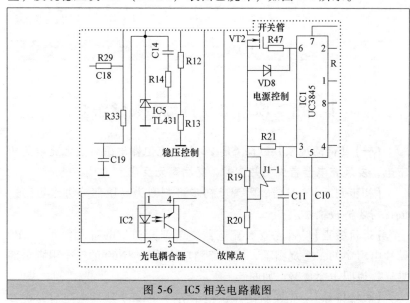

图 5-6　IC5 相关电路截图

【故障排除】　更换 IC5（TL431）稳压块，即可排除故障。

> **【维修日记】** TL431 是一个有良好的热稳定性能的三端可调分流基准电压源。它的输出电压用两个电阻就可以任意地设置到从 Vref（2.5V）到 36V 范围内的任何值。如图 5-7 所示，为 TL431 电路符号及内部电路。

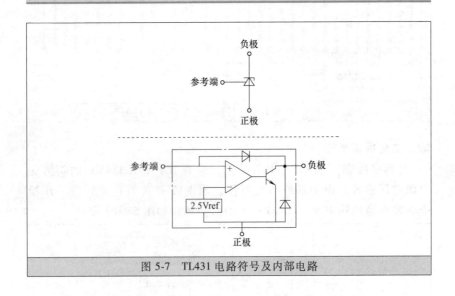

图 5-7　TL431 电路符号及内部电路

第二节　欧派电动自行车易学快修

（一）**【询问现象】**欧派 SP120-48V 充电器淋雨后插上充电头和市电，发现充电器有火花并冒烟，然后毫无反应

【初步判断】 根据故障现象初步可判断为高压部分进水短路造成，需要拆板维修。

【拆机检查】 首先查看充电器供电部分初步电路发现 4 个 2R0 贴片电阻中的一个烧糊了，再在路测功率管 CS8N60 的三个引脚全部导通，说明击穿短路，如图 5-8 所示。

【故障排除】 先换新高压供电部分 4 个 2R0 贴片电阻后，检查 300V 正常，再代换功率管 CS8N60 后试机，故障排除。

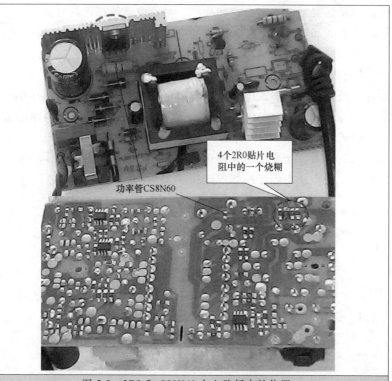

图 5-8　2R0 和 CS8N60 在电路板中的位置

【维修日记】　2R0 四只并联贴片电阻是功率管 CS8N60 的源极电流取样，一般情况四只会同时烧坏，找四只 3W/0.5R 代换即可。

（二）【询问现象】欧派电动自行车刚买时能骑行 25km 左右，使用一个月后，骑行里程减少到 10km 不到

【初步判断】　根据故障现象可初步判断为蓄电池电量减少，一般是蓄电池本身自行放电或蓄电池外电路未关断所致，需要拆板维修。

【拆机检查】　首先将万用表拨在电流档上，并将其串联在蓄电池回路中。打开电源开关，万用表显示 500mA 的电流；关断电源开关，万用表读数为零，表明电源开关正常，电源电路也不存在漏电现

象。于是怀疑蓄电池本身存在故障。对蓄电池外部进行检查，未发现污物或渗酸漏液现象。接着检查蓄电池电解液，未发现其缺少，估计蓄电池电解液不纯净或浓度过大。

【故障排除】 以2小时率的放电电流对蓄电池放电至终止电压，以使极板片的杂质进入电解液中，而后用长头吸管尽量吸尽全部电解液。接着将蒸馏水注入蓄水池内，如此反复2~3次。最后用原装充电器向蓄电池充电10h，再用2小时率的电流放电至终止电压，并吸出全部蒸馏水。接着将适当的电解液加入蓄电池内部，充电10~12h后装车，用户使用后反映能连续骑行25km左右。说明故障排除。

【维修日记】 蓄电池本身自行放电或蓄电池外电路未关断引起蓄电池的电量减少，主要有如下几方面原因：

1）蓄电池自行放电。

2）蓄电池放置时电源开关未关闭，或电源开关虽关闭，但由于本身电路损坏（短路）而导致仍有电流向控制器和仪表供电，时间一久，蓄电池电量减少许多。

3）电源开关关闭时，由于线路中某处绝缘不良而产生漏电电流引起放电。

4）电解液过浓或不纯净。

5）蓄电池端盖上洒有电解液或异物，使正、负极柱间产生漏电短路现象。

（三）【询问现象】欧派电动自行车（豪华型）打开电源开关，仪表盘上的电源指示灯亮，转动调速转把，电动机不转

【初步判断】 根据故障现象可初步判断电源电压及线路正常，其故障在电动机或其控制电路，需要拆板维修。

【拆机检查】 拔下电动机与控制器间的插接件，将万用表调到兆欧档，用万用表测得3根主相线每两相间的电阻均为0.18Ω，表明电动机绕组存在短路现象。然后将万用表调到电阻档，将黑表笔接霍尔线中的黑色接地线，红表笔分别接电动机霍尔相线，所测电阻都为无穷大，再对调表笔测量电阻也为无穷大，表明电动机霍尔线中的黑

色接地线断路。找出黑色接地线并在电动机附近剥黑色线的一段外皮，用万用表测量，发现该和黑色接地线弹头间是通路，这表明断路处在电动机内部。拆解电动机检查，发现黑色接地线与电路板脱焊断开，如图5-9所示。

图 5-9　黑色接地线与电路板脱焊断开

【故障排除】　用电烙铁将黑色接地线焊好后，经测量发现断路现象消失。重新装好电动机，打开电源锁，转动调速转把，电动机正常转动，故障排除。

【维修日记】　当控制器电路插接件或弹头和弹壳接触不良或松脱，也会出现类似现象。

（四）【询问现象】欧派电动自行车（通用型）制动效果差

【初步判断】　根据故障现象可初步判断为制动开关或制动系统的机械部分故障所致，需要拆板维修。

【拆机检查】　该车装配为机械常开断电开关，检查其接触点弹簧片与触点能正常接触上，说明断电开关性能正常，应检查制动系统的机械部分是否正常。该车装配为胀制动，用手握住制动手柄感觉行程过大（正常情况下应为握住手柄1/2行程即能产生制动效果）。

【故障排除】　用专用扳手旋松紧绳螺母（如图5-10所示），调整螺栓，使制动线拉紧，调小制动鼓与制动皮之间的间隙，再锁紧紧绳螺母试车制动，感觉效果比原来稍好，怀疑制动皮严重磨损，致使调整间隙不能达到最好状态，造成制动无力。卸下车轮，更换制动皮后，故障排除。

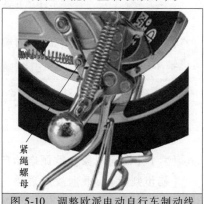

紧绳螺母

图 5-10　调整欧派电动自行车制动线

【维修日记】 正常情况下，电动自行车胀制动的制动皮与制动鼓的间隙具体应为 1~2mm 左右。若小于或大于该间隙均会造成制动效果差的故障。

（五）【询问现象】欧派电动自行车（豪华型）骑行时发出很大的响声

【初步判断】 根据故障现象可初步判断为电动机轴承异常所致，需要拆板维修。

【拆机检查】 经仔细检查，确定响声是从电动机轴中发出，依次拆开电动机端盖、定子、电动机轴，发现轴承由于严重缺油已锈蚀脱落，如图 5-11 所示。

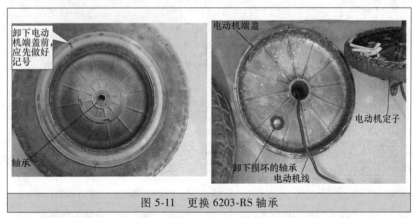

图 5-11　更换 6203-RS 轴承

【故障排除】 该机电动机轴承型号为 6203-RS，同时更换两个电动机轴承后，故障排除。

【维修日记】 需要注意的是，拆卸轮毂电动机过程中，要保护好电动机线免受损害。

（六）【询问现象】欧派电动自行车（豪华型）电动机不转

【初步判断】 根据故障现象可初步判断为电动机故障，需要拆板维修。

【拆机检查】　该故障应重点检查电动机霍尔元件是否烧坏，造成断相所致。该机电动机霍尔元件如图 5-12 所示，用万用表分别测量霍尔输出引线（黄、蓝、绿）与霍尔电源线（红色）和霍尔地线（黑色）的电阻，三相中有一相阻值差异明显偏大，说明其中一相霍尔坏，需要全部更换霍尔元件。

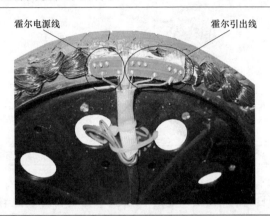

霍尔电源线　　　　霍尔引出线

图 5-12　欧派电动车霍尔元件

　　【故障排除】　卸下轮毂电动机，更换电动机或霍尔元件即可排除故障。

　　【维修日记】　需要注意的是：更换霍尔前，须弄清楚电动机的相位角是 120°还是 60°（即中间霍尔字面朝上还是朝下）；为保证电动机换相的精确，一般建议同时更换所有的三个霍尔元件；霍尔元件引脚与冲片不接触；霍尔元件安装入槽，三个霍尔元件必须平行，不得倾斜；胶水不溢出霍尔槽（建议使用 AB 胶，不使用502 胶）。

　　（七）【询问现象】欧派电动自行车（豪华型）**电动机时转时停**

　　【初步判断】　根据故障现象可初步判断为蓄电池电源或调速转把电路故障，需要拆板维修。

　　【拆机检查】　该故障具体主要检查蓄电池盒内熔丝管与熔丝座间是否接触不良，调速转把霍尔元件是否正常。经查，蓄电池盒内熔丝管与熔丝座间正常，用万用表测调速转把输出信号线在转动转把时无电压变化，说明调速转把不良。

【故障排除】 采用如图 5-13 所示原厂调速转把代换后，故障排除。

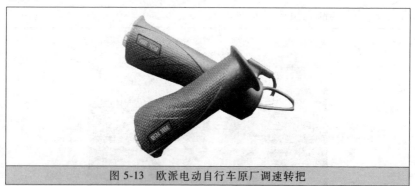

图 5-13 欧派电动自行车原厂调速转把

【维修日记】 代换调速转把应注意控制器与调速转把之间要匹配。

（八）**【询问现象】** 欧派电动自行车充电器（48V，西普尔）**熔丝管熔断**

【初步判断】 根据故障现象可初步判断为充电器电路板存在故障，需要拆板维修。

【拆机检查】 该故障应重点检查充电器整流电路和半桥式开关电路。具体主要检查整流二极管 D1 ~ D4 是否正常，开关管 VT1、VT2 是否正常。该车充电器电路板如图 5-14 所示。

【故障排除】 经查，发现 D1 二极管击穿损坏，换新后故障排除。

【维修日记】 造成熔丝管烧断的原因很多，很多是后级电路存在严重短路所致，为保险起见，该故障还应仔细查看电路板上面的其他元器件，看这些元器件的外表是否被糊或有电解液溢出，闻一闻有无异味；测量电源输入端的电阻值看局部短路现象等。

图 5-14　整流二极管 D1 在电路板中的位置

第三节　爱玛电动自行车易学快修

（一）【询问现象】　爱玛电动自行车（控制器 WK6050G-GD）起动无力

【初步判断】　根据故障现象可初步判断为蓄电池或转把故障，需要拆板维修。

【拆机检查】　首先检查蓄电池连线及电量匀正常。转动转把用万用表测量转把电源线对地的电压在 0.8~2.6V 范围里变化，正常应在 0.8~3.7V 范围里变化，说明转把电压信号低，导致出现起动无力故障。该车采用高标 WK6050G-GD 控制器，接线如图 5-15 所示，供维修检测代换时参考。

【故障排除】　更换相同型号规格转把，即可排除故障。

【维修日记】　高标控制器设计转把信号电压 3.7V 为飞车电压，此时控制器状态指示灯会闪 10 下，此种情况必须更换转把，以免发生飞车危险。

（二）【询问现象】　爱玛电动自行车（控制器 WK6050G-GD）转动转把，车子不走

【初步判断】　根据故障现象可初步判断为控制器故障，需要拆

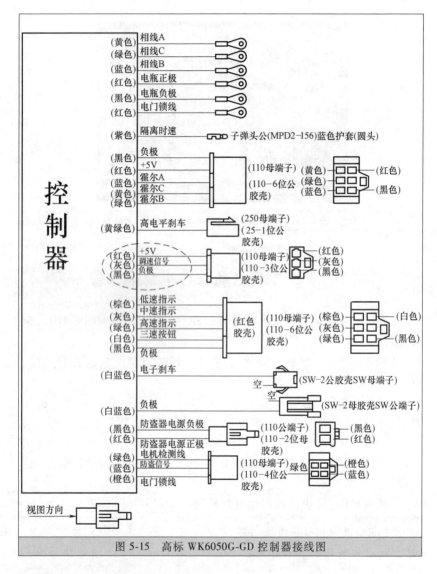

图 5-15　高标 WK6050G-GD 控制器接线图

板维修。

【拆机检查】　在控制器不通电不接外部器件情况下，用万用表"二极管"档红表笔接相线，黑表笔接红色（较粗）电源线，万用表记数显示为无穷大（正常应为 $400\sim600\Omega$），说明控制器输出管上管

EABCB 1529 其中之一损坏，如图 5-16 所示。

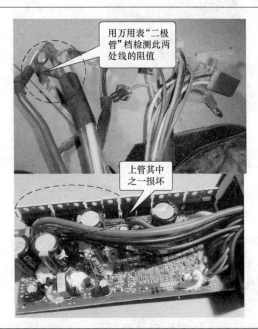

用万用表"二极管"档检测此两处线的阻值

上管其中之一损坏

图 5-16 控制器输出管上管 EABCB 1529

【故障排除】 更换损坏的输出管上管 EABCB 1529，即可排除故障。

【维修日记】 该车为 12 管控制器，6 个输出上管 EABCB 1529，6 个输出下管 EABCB 1530。

（三）【询问现象】**爱玛电动自行车**（通用型）**电源灯和车灯都不亮，按扬声器也不响**

【初步判断】 根据故障现象可初步判断为蓄电池或线路存在故障，需要拆板维修。

【拆机检查】 首先检查蓄电池接线和电量均正常，打开电源锁用万用表测蓄电池至电源锁无电压，再拆开后座检查控制器，发现控制器的电源负极线已磨断，如图 5-17 所示。

图 5-17　控制器的电源负极线已磨断

【故障排除】　关闭电源锁，重新连接好控制器的电源负极线，用绝缘胶带包扎好后试车，故障排除。

【维修日记】　造成该类故障多是因为控制器线束与后座长时期磨损所致，排除故障时应用扎带将后座处的线束固定好，以免再次发生同样的故障。

（四）【询问现象】爱玛电动自行车（通用型）**仪表盘不通电，前灯和转向灯也时亮时不亮**

【初步判断】　根据故障现象可初步判断为蓄电池接线不良或转换器损坏，需要拆板维修。

【拆机检查】　首先对蓄电池的连线等进行检查处理后，故障不变。用万用表电压档测转换器输出电压不稳定（时有时无）。检测 KA3842 的⑦脚启动端电压 11V 正常，检查 C7、C8 及 D4 时，发现 C7 严重漏电，如图 5-18 所示。

【维修日记】　当 R6~R9 的引脚虚焊、开路，或者 C2 的引脚与 KA3842 的⑥脚印板铜箔线断路也会造成此类故障。

（五）【询问现象】爱玛电动自行车（通用型）**按遥控器无法遥控开机**

【初步判断】　根据故障现象可初步判断为防盗器或控制器故障，需要拆板维修。

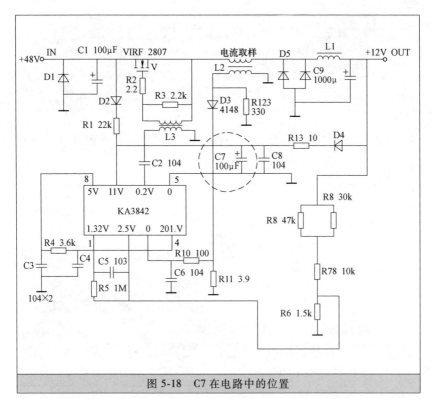

图 5-18　C7 在电路中的位置

【拆机检查】 用万用表测量防盗器蓝色信号线对地电压（如图 5-19 所示），是低电平，则此低电平信号经防盗输入电路滤波后使控制器执行防盗功能，此时用手前后推电动机，发现有明显阻力，怀疑防盗器损坏。

【故障排除】 采用相同规格防盗报警器代换后，试机，按遥控器防盗报警器能正常开机，说明故障排除。

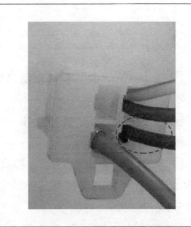

图 5-19　防盗报警器端子

【维修日记】 该机为高标控制器，大部分控制器是低电平防盗，但为了兼容少部分高电平防盗报警器，高标控制器有防盗电平选择功能。当控制器是高电平防盗时，又测量到防盗信号线也是高电平，控制器会有同样现象，同样可判定为防盗报警器故障。

（六）【询问现象】爱玛电动自行车（简易型）车灯不亮，电源灯不亮，扬声器也不响

【初步判断】 根据故障现象可初步判断为控制器线路问题，需要拆板维修。

【拆机检查】 打开车后座，检查控制器输入输出各线路，发现控制器负极已被座盖线磨断，如图5-20所示。

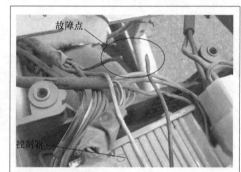

图 5-20　爱玛电动自行车控制器负极线

【故障排除】 重新连接好控制器负极线后试机，开车灯和电源灯亮，按扬声器也响，故障排除。

【维修日记】 故障排除后，还应用绝缘胶带裹好控制器负极线与座盖处，并固定好线束，以免再次被座盖磨损。

（七）【询问现象】爱玛电动自行车（通用型）充电器指示灯不亮，不充电

【初步判断】 根据故障现象可初步判断为充电器内部电路板存在故障，需要拆板维修。

【拆机检查】 拆开充电器外壳，检查脉宽调制集成电路IC1KA3842无异常，再检查其外围电路，发现与IC1⑥脚相接的贴片电阻R4断路损坏，如图5-21所示。

【故障排除】 更换贴片电阻R4（27Ω），即可排除故障。

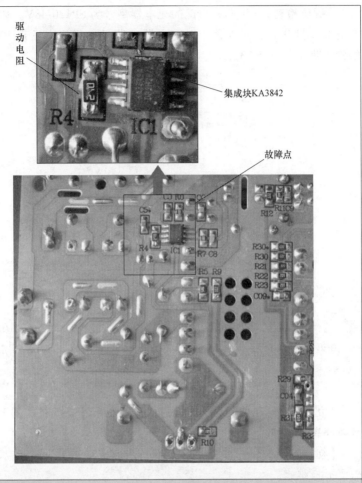

图 5-21　集成电路 KA3842 及贴片电阻 R4 在电路板中的位置

【维修日记】　脉宽调制集成电路 IC1KA3842 的⑥脚为输出端，其参考应用电路如图 5-22 所示，供维修检测代换时参考。

（八）【询问现象】爱玛电动自行车充电器指示灯亮，但不充电

【初步判断】　根据故障现象可初步判断为充电器内部电路板故障，需要拆板维修。

【拆机检查】 该车原厂配的充电器型号为 SP120-48V。切断充电器电源，打开充电器外盖，对充电器电路板进行检查发现 BT151 晶闸管虚焊，如图 5-23 所示。

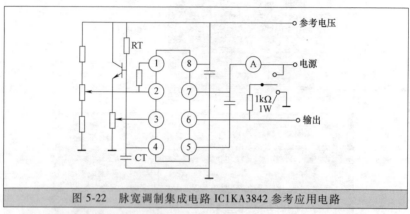

图 5-22 脉宽调制集成电路 IC1KA3842 参考应用电路

【故障排除】 重新补焊 BT151 晶闸管，即可排除故障。

【维修日记】 BT151 为单向晶闸管，其 1～3 脚一般 100Ω 左右，正反向阻值一样，越好阻值越低，其他引脚正常阻值应为无穷大。

（九）【询问现象】 爱玛电动自行车（通用型）充电器不充电，且内部有放电声

【初步判断】 根据故障现象可初步判断为充电器电路板故障，需要拆板维修。

【拆机检查】 该车原厂配的充电器型号为 SP120-48B。切断电源，打开充电器外盖检查电路板，发现 310V 滤波电容 C2 鼓包，如图 5-24 所示。

【故障排除】 用电烙铁焊下鼓包的电容 C2，找相同耐压和相同的容量的电解电容按原来的正负极焊上，即可排除故障。

【维修日记】 如果多次出现电容鼓包的故障现象，应立即更换新的优质充电器，以免对蓄电池等造成损害。

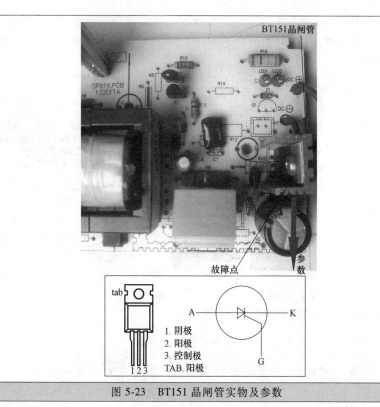

图 5-23 BT151 晶闸管实物及参数

图 5-24 电容 C2 鼓包

（十）【询问现象】爱玛电动自行车（豪华型）电动机转速变慢

【初步判断】 根据故障现象可初步判断为控制电路故障，需要拆板维修。

【拆机检查】 该故障应检查调速转把是否损坏。该车原厂装配的调速转把如图 5-25 所示，用万用表检测调速转把信号线（绿线）电压，当转把旋至最大角度时，测得调速电压应为 1V 左右，正常应为 4.2V，说明调速转把损坏，导致电动机转速变慢。

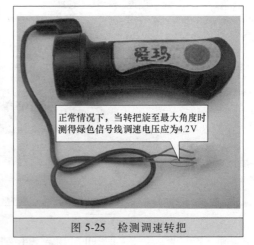

正常情况下，当转把旋至最大角度时测得绿色信号线调速电压应为4.2V

图 5-25 检测调速转把

【故障排除】 卸下损坏的调速转把，采用相同型号规格调速转把代换，即可排除故障。

【维修日记】 安装时最好把电线的接头处用防水电胶布包扎好，以免雨天骑行时进水或受潮造成短路故障。

第四节 立马电动自行车易学快修

（一）【询问现象】立马风锐三代电动自行车打开电源，仪表无显示

【初步判断】 根据故障现象可初步判断为电源故障，需要拆板维修。

【拆机检查】 本着先易后难的原则，首先检查断路器是否未打开，经查断路器正常，再检查蓄电池输出插座和熔丝管也正常，最后用万用表测电门锁不通，说明电门锁已损坏。该机电路原理如图 5-26 所示，供维修检测代换时参考。

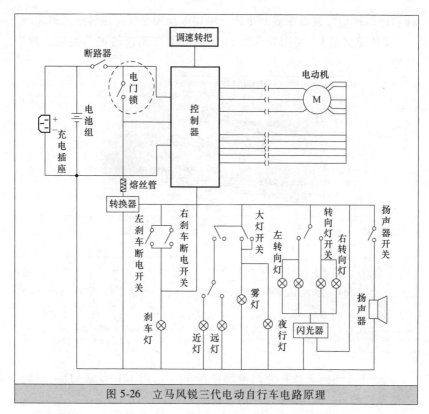

图 5-26　立马风锐三代电动自行车电路原理

【故障排除】 更换电门锁后，试车，仪表显示及各方面正常，故障排除。

【维修日记】 当电门锁插接件接触不良也会出现类似故障，需要更换电门锁插接件。

（二）【询问现象】立马电动自行车（通用型）**骑行速度慢，不能提速**

【初步判断】 根据故障现象可初步判断为蓄电池性能不良或调速转把故障，需要拆板维修。

【拆机检查】 先检查蓄电池接线正常，检测电量也充足，怀疑调速转把损坏。将调速转把旋至最大角度，同时用万用表电压档检测调速转把调速信号线（绿线）电压，测得电压很小说明该转把已损坏。

【故障排除】 采用如图 5-27 所示同类型调速转把代换后，故障排除。

绿线为信号线

图 5-27 立马电动自行车调速转把

【维修日记】 判断调速转把是否损坏，可把调速转把旋至最大角度，同时用万用表电压档检测调速转把调速信号线（绿线）电压，若测得电压很小（正常时应为 5~2V），则可判断调速转把有可能已损坏。

（三）【询问现象】立马电动自行车（通用型）仪表灯具、扬声器都不工作

【初步判断】 根据故障现象初步可判断为转换器存在故障，需要拆板维修。

【拆机检查】 首先检查接转换器进线熔丝管正常，然后拆下转换器检查 UC3845⑦脚的供电电压异常，进一步检查与⑦脚相接的电阻 R18 损坏，如图 5-28 所示。

【故障排除】 更换与 UC3845⑦脚相接的电阻 R18 后，故障排除。

供电检测点

图 5-28 电阻 R18 相关电路截图

【维修日记】 排除该故障还应仔细检查扬声器、前照灯、转向灯、夜行灯、制动灯等，这些使用 12V 的供电设备线路是否存在短路，修复短路处，以免再次造成同样故障。

（四）【询问现象】 立马核磁动力电动自行车骑行时发现"嘎嘎"响声

【初步判断】 根据故障现象初步可判断为电动机存在故障，需要拆板维修。

【拆机检查】 该车为无刷高速有齿电动机，如图 5-29 所示。拆开电动机检查发现减速齿轮已经磨损。

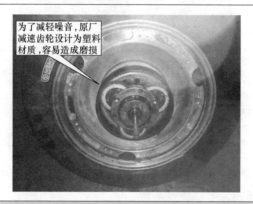

为了减轻噪音,原厂减速齿轮设计为塑料材质,容易造成磨损

图 5-29 检查减速齿轮

【故障排除】 更换相同型号的减速齿轮，即可排除故障。

【维修日记】 为了减轻噪声，原厂减速齿轮设计为塑料材质，容易造成磨损，可从淘宝上购同型号规格材料为高强度钢铁的减速齿轮，彻底解决尼龙齿轮容易断齿的缺陷。

（五）【询问现象】 立马 A8 型超强核磁动力电动自行车打开电门锁，转动调速手柄，电动机不转

【初步判断】 根据故障现象初步可判断为电动机存在故障，需要拆板维修。

【拆机检查】 拔下电动机插件，如图 5-30 所示，用万用表测量电动机任意两根引线的电阻，测得阻值较大且不稳定，说明电动机已损坏。

若测得引线阻值大，且不稳定，则可断定电动机有可能已损坏

图 5-30　测量 A8 电动机两引线阻值

【故障排除】 更换同类型电动机，即可排除故障。

【维修日记】 也可拔开电动机的三根主线分别短接黄绿线，蓝绿线，同时转动后轮，后轮应该发沉，如果不沉就是电动机断路了。

（六）【询问现象】立马 68V/500W 型双模控制器电动车有电源显示，但不调速，电动机也不转

【初步判断】 根据故障现象可初步判断为控制器或转把存在故障，需要拆板维修。

【拆机检查】 该故障的检测方法如图 5-31 所示，用万用表检测控制器电源输入端电压，测得电压大于 68V，检查控制器转把电源电压（接转把的红、黑线），测得无电压（正常电压为 5V），此时，拆下转把插座，电压恢复正常，说明转把有可能已损坏。

【故障排除】 采用如图 5-32 所示立马电动车原配转把代换试机，故障排除。

【维修日记】 转把的接头线应分开包扎，并做好防水措施，以免雨天骑行时出现短路故障。

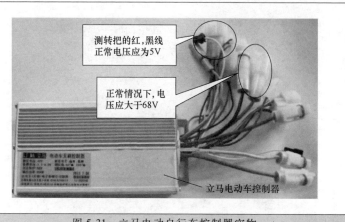

图 5-31 立马电动自行车控制器实物

测转把的红、黑线正常电压应为5V

正常情况下，电压应大于68V

立马电动车控制器

图 5-32 立马电动车调速转把

（七）【询问现象】 立马 68V 电动车充电器充电时有烧煳味，并发出尖叫声

【初步判断】 根据故障现象可初步判断为充电器故障，需要拆板维修。

【拆机检查】 该故障应拆下充电器，检查尖峰吸收电阻 R2 是否损坏，如图 5-33 所示。

【故障排除】 采用 51Ω 的色环电阻代换电阻 R2，即可排除故障。

【维修日记】 尖峰吸收电路通常是由一个电阻和一个电容串联，再并联在整流二极管上，其作用是消除变压器的尖峰电压，保护半导体器件。

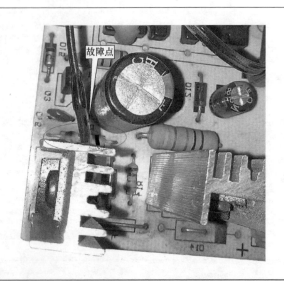

图 5-33　尖峰吸收电阻 R2 相关资料

（八）【询问现象】立马电动车 DZM482065/48V/3A 型充电器无直流输出，但熔丝管完好

【初步判断】　根据故障现象可初步判断为充电器电源部分故障，需要拆板维修。

【拆机检查】　该故障应重点检查电源部分稳压调节电路。具体主要检查 PWM 模块 IC1（UC3842）是否正常。相关资料如图 5-34 所示。

【故障排除】　代换 PWM 模块 UC3842 后，故障排除。

【维修日记】　该充电器具有充电定时功能，可使用特能同型号、同电压充电器代换。

（九）【询问现象】立马电动自行车（免调试，三档调速控制器）连续烧坏熔丝

【初步判断】　根据故障现象可初步判断为线路短路或控制器故障，需要拆板维修。

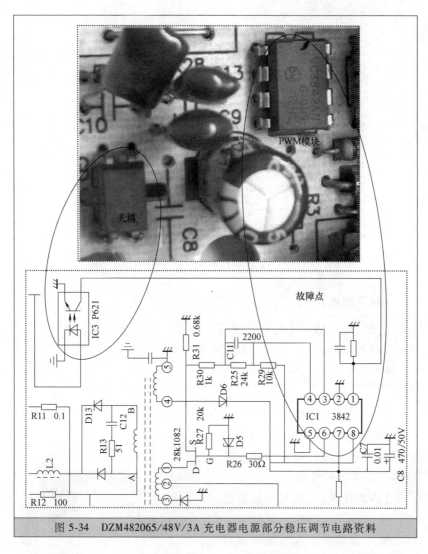

图 5-34　DZM482065/48V/3A 充电器电源部分稳压调节电路资料

【拆机检查】　拔下蓄电池插头，打开电门锁，关掉所有灯具开关，用万用表电阻档测量插头之间的电阻值极小，说明线路存在短路故障。此时，用断路法进行检测，即拔下控制器电源接头。再测得插头间的电阻恢复正常，表明控制器已损坏。该车原厂装车控制器如图 5-35 所示。

图 5-35 立马免调试，三档调速控制器

【故障排除】 更换新的控制器后，故障排除。

✎【维修日记】 安装新控制器应注意，将控制器的引线用尼龙扎带固定在车体上，以防止引线与车体发生摩擦，造成控制器再次损坏。

（十）【询问现象】立马电动自行车（通用型）打开电门锁不通电

【初步判断】 根据故障现象可初步判断为线路短路或转换器故障，需要拆板维修。

【拆机检查】 断开控制器电源插头，打开电门锁，蓄电池盒熔丝管立即烧断，说明转换器存在严重短路故障，需要代换转换器。该车原厂装车转换器如图5-36所示。

【故障排除】 代换相同型号规格转换器后，故障排除。

图 5-36 立马电动自行车转换器

【维修日记】　当前照灯短路，也会出现类似故障，应注意判别。

第五节　新日电动自行车易学快修

（一）【询问现象】新日电动自行车下雨骑行时不小心淋雨，导致不能正常充电

【初步判断】　根据故障现象可初步判断为充电器因淋雨导致烧毁所致，需要拆板维修。

【拆机检查】　拆开充电器发现充电器输出端熔丝管烧断，仔细检查测量电路板，发现充电器输出滤波电解电容（470μF/63V）已炸裂、输出电流检测电阻（0.1Ω/3W）已开路，更换损坏的3个元器件后后通电试机，发现空载（充电器插头不与电动车连接）时充电器绿色指示灯闪烁，测充电器输出为15V左右的脉动电压，说明充电器另有故障。再次对充电器输出部分电路进行检查，发现控制散热风扇的晶体管S9012、精密稳压源IC 431、四电压比较器AS324均已击穿。该电动自行车充电器型号为SP210-48ET，如图5-37所示。

【故障排除】　继续代换损坏的元器件后通电测试充电器，测量充电器空载时输出电压为56.2V，充电指示灯绿灯亮，散热风扇不动，连接充电器与电动车后充电指示灯红灯亮、散热风扇转动，2小时后充电结束，充电指示灯红灯灭绿灯亮、风扇停转，故障排除。

【维修日记】　如果身边没有晶体管S9012（50V/500mA/600mW，低频管放大倍数30～90），也可用S8550晶体管（40V/1500mA/1000mW/200MHz，放大倍数40～140）代换。

（二）【询问现象】新日电动车（通用型）接通电源，仪表显示正常，但不调速

【初步判断】　根据故障现象可初步判断为控制器故障，需要拆板维修。

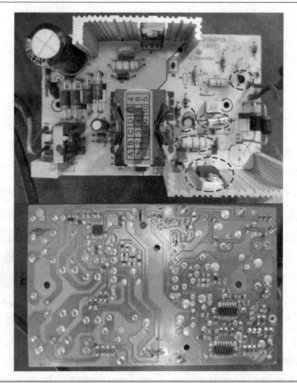

图 5-37　SP210-48ET 型充电器电路板

【拆机检查】　该控制器型号是新日 4835 智能控制器。打开电门锁，用万用表测控制器无 5V 电压到转把，说明控制器存在故障。拆下控制器外壳，检查电路板，发现检测电流取样康铜丝已烧断，再检查功率管上管也损坏一只，如图 5-38 所示。

【故障排除】　更换功率管，并焊接好康铜丝，或更换同型号控制器，即可排除故障。

【维修日记】　可以使用比较法检测功率管的好坏，上管和下管功率管，一般不可能同时全部烧坏，测量每个功率管的三个引脚的阻值是否相同，有少数的或一个不同的为烧坏的管子。还有一种判别方法就是，一般烧坏的管子多数都是短路故障。

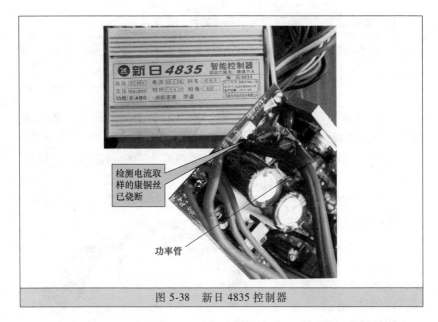

图 5-38　新日 4835 控制器

（三）【询问现象】 **新日无刷电动助力车，接通钥匙开关后电动机噪声大且不转**

【初步判断】 　根据故障现象可初步判断为线路或控制器故障，需要拆板维修。

【拆机检查】 　经检查发现电动机后轴引线扭转处破皮，换新线后试车电动机仍噪声大且不转。通电，再检查控制器输入 64V 电源电压正常，但电动机霍尔及转把均无电压输出，说明控制器损坏。故障原因是用户更换后轮胎时没有把车轴螺母拧紧，行驶时因螺母松动造成引线扭动磨破皮而短路。导致控制器里的功率场效应管损坏。该车原厂装配直流无刷控制器，如图5-39所示，电压 DC 64V，低电平制动，转把电压 1.1～4.2V，相位角 60°。

图 5-39　新日无刷电动助力车控制器

【故障排除】 更换同型号控制器后，试车正常。

【维修日记】 安装电动自行车控制器时，应保证电源的正、负极连接的正确，否则会造成控制器的损坏。

（四）【询问现象】新日电动自行车（180°变频控制器）有电显示，但转动转把，车子不走

【初步判断】 根据故障现象可初步判断为控制电路故障，需要拆板维修。

【拆机检查】 首先按转把上的绿色"丨—键修复"键，故障不变。拔掉调速转把与控制器插件，通电，用万用表测控制器到转把信号线无+5V电压，说明控制器损坏。该车控制器型号是XRZWK6030A，如图5-40所示。

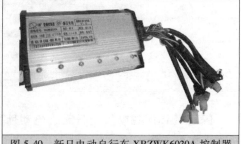

图 5-40　新日电动自行车 XRZWK6030A 控制器

【故障排除】 采用相同型号规格控制器代换后，故障排除。

【维修日记】 该车控制器电压60V，相位角120°，转把1.1~4.2V，低电平制动。

（五）【询问现象】新日无刷电动自行车，转把归回原位后电动机（车轮）慢转不停

【初步判断】 根据故障现象可初步判断为转把故障，需要拆板维修。

【拆机检查】 将转把上的红线（+）和黑线（-）接5V直流电压，绿线和黑线接电压表，这时电压为0.8V左右。转动转把，表上的电压仍为0.8V无任何变化（正常应随转把的转动角度在0.8~4.2V之间变化），说明转把已损坏。该车系统控制原理如图5-41所示，供维修检测代换时参考。

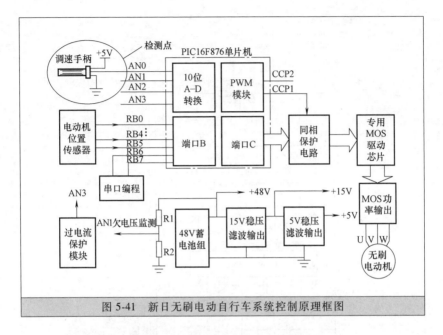

图 5-41　新日无刷电动自行车系统控制原理框图

【故障排除】　更换同型号转把，即可排除故障。

【维修日记】　转把上使用的霍尔元件属线性磁感元件。如换后电动机高速旋转，说明转把线接反，这时将红线和绿线对掉即可。另外，如转把黑线断，车轮也会出现高速旋转现象。

（六）【询问现象】新日 TDR55Z-5 型"风速七代"无刷电动助力车，有时接通钥匙开关时，电动机即高速旋转，转把失灵

【初步判断】　首先拔掉转把插头后电动机仍快转不停，说明故障不在转把，需要拆开控制器 检查电路板。

【拆机检查】　打开控制器外壳，用表测试脉宽调制块 U6 SG3524N 的⑫脚，如图 5-42 所示，当转动转把时，有 0.75 ～ 0.35V 的可变电压，用示波器可见到可变的脉宽波形，说明脉宽调制电路正常。这时发现和 SG3524N 的⑫脚连接的晶体管 V1 2N5551 的 C 极开焊。

【故障排除】　补焊晶体管 V1 后，试车正常，故障排除。

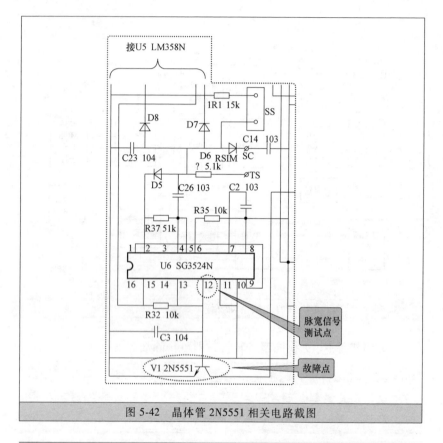

图 5-42　晶体管 2N5551 相关电路截图

【维修日记】　从图可看出当 V1 2N5551C 极开焊后，使三只驱动开关块 IR20 的②脚由原低电位变为高电位，从而导致电动机出现高速状态，转把失灵。

（七）【询问现象】新日电动自行车（通用型）**电动机不转**

【初步判断】　根据故障现象可初步判断为电动机或控制器电路故障，需要拆板维修。

【拆机检查】　首先拔掉电动机与控制器插件，用万用表电阻档测得电动机绝缘电阻为 4kΩ，说明电动机基本正常，怀疑控制器损坏。再测量控制器 48V 输入电压正常，但霍尔及转把均无输出电压，说明控制器已损坏。拆开控制器外壳，焊下 75N75MOS 管——进行测量，发现其中 3 只电阻为零。相关现场维修资料如图 5-43、图 5-44所示。

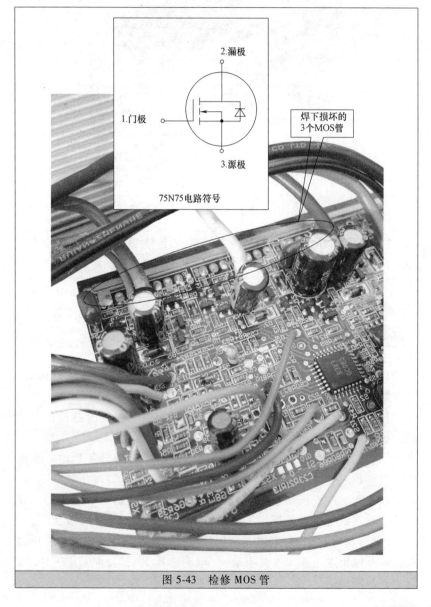

图 5-43　检修 MOS 管

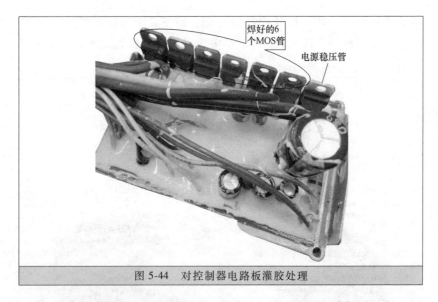

图 5-44　对控制器电路板灌胶处理

【故障排除】　用热风枪焊下损坏的 3 个 MOS 管，采用新的 3 个 75N75N 沟道 MOS 管重新焊好，即可排除故障。

【维修日记】　电动自行车因雨天骑行容易造成控制板进水，从而造成 MOS 短路损坏，因此，检修此类故障，最好对电路板进行灌胶做好防水处理。

（八）【询问现象】新日电动自行车充电器通电后红绿灯闪烁，但不能充电使用

【初步判断】　根据故障现象可初步判断为充电器电路板存在故障，需要拆板维修。

【拆机检查】　通电试机，实测输出端电压很低且不稳定，测市电整流输出 +300V 正常，测电源芯片 KA3842 的⑦脚电压波动不稳。于是在路测脉冲变压器 T1 绕组不通，用吸锡烙铁拆焊下变压器，仔细检查发现维持供电的绕组不通，相关电路截图如图 5-45 所示。

【故障排除】　接好断路的绕组线头，并涂上 AB 胶封固，装机试验，实测输出端电压 55V（空载），电源芯片 KA3842 的⑦脚 +14.5V 稳定，故障排除。

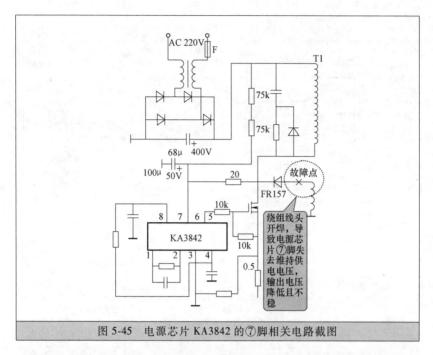

图 5-45　电源芯片 KA3842 的⑦脚相关电路截图

【维修日记】　当充电器电路板元器件的开路或虚焊，也会引起上述故障。

（九）【询问现象】新日电动自行车（通用型）充电时发出爆炸声

【初步判断】　该故障应立即切断电源，重点检查蓄电池连接线是否碰头，充电器电压是否失控，需要拆板维修。

【拆机检查】　经查蓄电池连接线正常，重点应检查充电器内部电路板。用万用表检测输出电压高于 65V，说明充电器电压失控。拆开充电器外壳，发现电路主板输出电容已炸毁。该车充电器局部电路原理如图 5-46 所示，造成电压失控主要是因为 TL431 稳压电路虚焊或断路，光耦损坏所致。经检查 R 点电压不正常，说明 TL431 已损坏或断路。

【故障排除】　更换 TL431、输出电容及熔丝管后试机，故障排除。

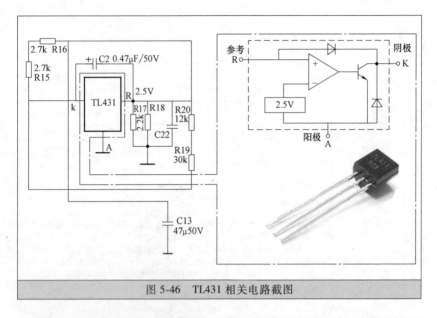

图 5-46　TL431 相关电路截图

【维修日记】 该故障是因电路板上元器件损坏，造成充电器电压失控，从而造成充电器电路板上的电容发生爆炸。若经过上述维修，故障依旧，应予以更换新的同类型充电器。

第六节　雅迪电动自行车易学快修

（一）【询问现象】 雅迪 68V 直流无刷电动自行车转动转把，车子不走

【初步判断】　根据故障现象可初步判断为蓄电池或电动机故障，需要拆板维修。

【拆机检查】　本着先易后难的维修原则，首先检查蓄电池组电压 69V，正常，测单格蓄电池电压 17V，也正常。然后检查电动机，撑起车支撑使后轮腾空，打开电源锁，用万用表的黑表笔插电动机霍尔元件的负极线，红表笔分别的插电动机霍尔元件三根信号线，测量时用手慢慢地转动电动机，霍尔电压没有明显变化，说明电动机霍尔

元件损坏。拆开电动机后，又用修车宝确认 2 只 YS41F 霍尔元件已坏，如图 5-47 所示。

【故障排除】 同时更换 3 只 YS41F 电动机霍尔元件，即可排除故障。

✏ **【维修日记】** 电动机霍尔元件安装在锭子铁心开槽内，要求平行于磁钢，才能获得稳定的 PWM 输出信号。安装霍尔元件时，应使用胶水将其固定，否则容易位置发生变化，信号不稳定，而导致电动机整体效率降低，甚至霍尔元件脱落引起电动机缺相或者失效。

图 5-47　霍尔元件损坏

（二）**【询问现象】** 雅迪豪雅系列电动自行车（控制器 12 管 500W）**转动转把，车子不走**

【初步判断】 根据故障现象可初步判断为控制器故障，需要拆板维修。

【拆机检查】 在控制器不通电不接外部器件情况下，用万用表"二极管"档红表笔接相线，黑表笔接红色（较粗）电源线，万用表记数显示为无穷大（正常应为 400~600Ω），说明控制器输出管上管 STP80NF70 其中之一损坏，如图 5-48 所示。

【故障排除】 更换损坏的输出管 STP80NF70，即可排除故障。

✏ **【维修日记】** 该车控制器输出管采用 6 个上管 STP80NF70 和 6 个下管 2SK4145，共 12 个管。

（三）**【询问现象】** 雅迪 68V 电动自行车仪表能显示，但不能起动

【初步判断】 根据故障现象可初步判断为蓄电池或线路故障，需要拆板维修。

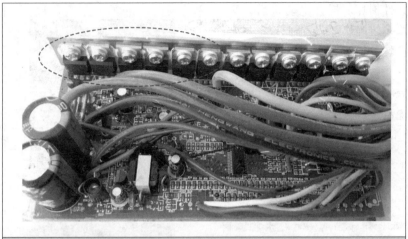

图 5-48　STP80NF70 输出管

【拆机检查】　首先检查蓄电池，该车原厂装配为 4 组天能蓄电池。如图 5-49、图 5-50 所示，用万用表检测蓄电池组的电压为 59V，说明蓄电池电量较低。再将蓄电池连接线断开检查单格蓄电池的电压，其中一组蓄电池的电压为 8V，明显偏低，说明该组蓄电池严重老化损坏，需要更换。

图 5-49　检查 4 组天能蓄电池电压

图 5-50　检查单格电能蓄电池电压

【故障排除】　更换损坏的单格天能蓄电池后，试车，车子起动正常，故障排除。

【维修日记】　若更换蓄电池组，应检查充电器是否能与之匹配，不符合的不能更换。

（四）【询问现象】雅迪轻舟电动自行车打开电门锁仪表显示正常，但转动转把车轮不动，过一会儿又能转动，行驶一段路程后车轮又不动了

【初步判断】　根据故障现象可初步判断为调速系统存在故障，需要拆板维修。

【拆机检查】　该故障应重点检查调速转把是否正常。用万用表电压档测调速转把电源端5V正常，旋动转把时测信号端无电压变化，说明调速转把霍尔有可能损坏。卸下后视镜、车头盖，再拧下调速转把两个固定螺钉将调速转把从车上卸下。检查霍尔元件发现信号线（绿线）虚焊，轻轻一拉就断了，如图5-51所示。

图5-51　雅迪轻舟电动自行车调速转把信号线虚焊

【故障排除】　重新把调速转把信号线引脚焊牢，套回热缩管，试机，打开电门锁，转动转把电动车能正常提速行驶，故障排除。

【维修日记】　仪表显示正常，电动机不转，关键应测量转把5V电压是否正常，若正常，则检测转把信号电压，转动转把，信号电压应在0.8~4.2V由低向高变化。如电压无变化且小于1V，则为转把故障或转把线有短路。

（五）【询问现象】 雅迪 64V 电动车充电器，插电灯不亮，不能充电

【初步判断】 根据故障现象可初步判断为充电器电路板存在故障，需要拆板维修。

【拆机检查】 打开充电器机壳，直观检查 5A 熔丝管已熔断，线路板的背面电源管 S 极与地间并接的 4 只取样电阻已烧焦。用万用表电阻档检测大功率场效应电源管 V1（CS12N60）击穿，且 G 极激励电阻 R2（15Ω）断路，再测电源块 IC1（KA3842A）也已击穿损坏。相关维修资料如图 5-52 所示，供维修检测代换时参考。

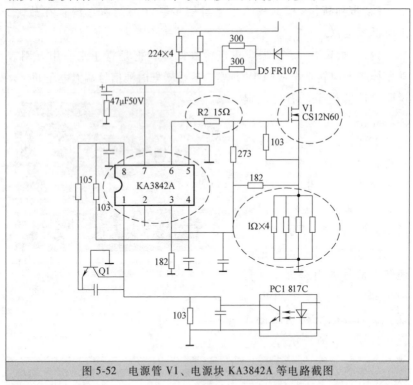

图 5-52 电源管 V1、电源块 KA3842A 等电路截图

【故障排除】 更换上述损坏元器件，换新 5A 熔丝管，检查线路无误。通电试验，实测充电器输出端电压约 78V，基本正常，故障排除。

✏ **【维修日记】** 该充电器场效应电源管 V1 型号 CS12N60，主要参数为：耐压 600V、电流 12A，较常见 36V/48V 充电器所采用的诸如 6N60（6A/600V）、7N60（7A/600V）、8N60（8A/600V）等管子，电流功率参数均要求高许多，代换时需采用同型号或更高规格管子。

（六）**【询问现象】** 雅迪电动自行车（通用型）**充电器无直流电压输出，但熔丝完好**

【初步判断】 根据故障现象可初步判断为充电器内部电路板故障，需要拆板维修。

【拆机检查】 该故障应重点检查充电器的变控芯片 UC3842 是否处在正工作状态或已经损坏。试给充电器加电，测 UC3842 的⑦脚对地电压，发现⑦脚电压低，其余引脚无电压，说明 UC3842 已损坏。该车充电器电路原理如图 5-53 所示，供维修检测代换时参考。

【故障排除】 直接更换 UC3842，即可排除故障。

✏ **【维修日记】** 造成 UC38422 最常见的损坏是⑦脚对地击穿，⑥、⑦脚对地击穿和①、⑦脚对地击穿。如果这几只脚都未击穿，而充电器还是不能正常启动，也说明 UC3842 已损坏，应直接更换。

（七）**【询问现象】** 雅迪电动自行车（通用型）**充电器充电时间较短**

【初步判断】 根据故障现象可初步判断为蓄电池或充电器风扇故障，需要拆板维修。

【拆机检查】 首先检查蓄电池组和单节蓄电池容量均无明显异常。再打开充电器外壳检查充电器风扇内也无异物止住，把风扇从充电器上拆下，另外接上 12V 直流，风扇立即转动，说明风扇本身没有损坏。用万用表测量晶体管 SS8050，查出已损坏，如图 5-54 所示。

【故障排除】 更换新的同类型 2SC8050 管后试机，故障排除。

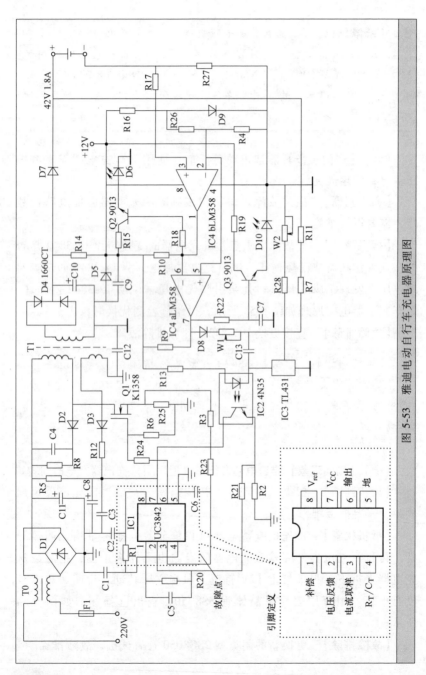

图 5-53　雅迪电动自行车充电器原理图

图 5-54 风扇驱动晶体管 SS8050 外形实物

【维修日记】 该车充电器具有智能散热功能，主要由晶体管 SS8050 与负温度系数的热敏电阻配合控制风扇的工作。充电器因风扇故障，造成充电器内温升过高而使保护电路工作，造成充电器提前停止对蓄电池进行充电。

（八）【询问现象】 雅迪电动自行车骑行时有不规则的停转

【初步判断】 根据故障现象可初步判断为线路或调速转把故障，需要拆板维修。

【拆机检查】 首先检查控制器与轮毂插接件是否松脱，重新插紧后，故障不变。然后脱开控制器与调速转把插件，用万用表测量 5V 电压输入正常，但转动转把同时测转把信号输出线无信号电压输出，说明转把霍尔元件损坏。该车原厂转把如图 5-55 所示。

图 5-55 雅迪电动自行车转把

【故障排除】 维修或更换新的同类型调速转把，即可排除故障。

【维修日记】 换好新的转把后，还应注意用防水胶布包扎好线头，以防止雨天骑行时发生短路故障，甚至再次损坏调速转把。

第七节 比德文电动自行车易学快修

（一）【询问现象】 比德文电动自行车（简易型）**电动机振动、运转不连贯、无力**

【初步判断】 根据故障现象可初步判断为电动机霍尔元件损坏（断相）所致，需要拆板维修。

【拆机检查】 如图 5-56 所示，拔掉霍尔元件输出引线，用万用表检测电动机霍尔输出引线三相阻值，发现输出引线（黄线）明显比其他两相大，说明该相霍尔元件损坏。进一步拆开电动机检查，证实该相霍尔元件已损坏，如图 5-57 所示。

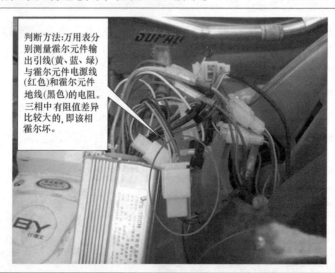

图 5-56 检测电动机霍尔元件输出引线阻值

【故障排除】 同时更换 3 个霍尔元件，即可排除故障。

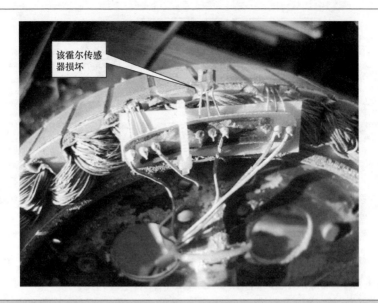

该霍尔传感器损坏

图 5-57　检测电动机霍尔元件

【维修日记】　该机霍尔相位角是 120°，为保证电动机换相的精确，同时更换 3 个霍尔元件。安装霍尔元件应注意：霍尔元件引脚与冲片不接触；3 个霍尔元件必须平行，不得倾斜；胶水不溢出霍尔槽（建议使用 AB 胶，不使用 502）。

（二）**【询问现象】** 比德文电动自行车（豪华型）仪表灯亮，蓄电池性能正常，但电动机不转，且显示低电警告

【初步判断】　根据故障现象可初步判断为控制电路故障，需要拆板维修。

【拆机检查】　拆开控制器外壳，检查电路板上 63V/480μF 电容炸裂，进一步检查，发现流出的电解液致使电动机驱动场效应管 IRF2807 也短路烧坏。IRF2807 相关资料如图 5-58 所示，供维修检测代换时参考。

【故障排除】　更换 63V/480μF 电容和 IRF2807，即可排除故障。

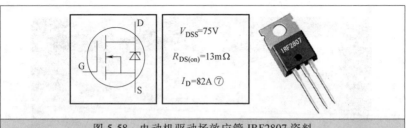

图 5-58　电动机驱动场效应管 IRF2807 资料

【维修日记】　拆卸电动机驱动场效应管 IRF2807 时，首先将其引脚剪断，然后分别焊下引脚，这样可以避免拆卸过程中损坏控制器电路板焊盘。

（三）【询问现象】比德文电动自行车（通用型）**充电时，充电器电源和饱和指示灯亮，但蓄电池充不上电**

【初步判断】　根据故障现象可初步判断为充电器内部电路板故障，需要拆板维修。

【拆机检查】　拆开充电器外壳，发现输出熔丝管已烧坏，再检查附近的防反接二极管也损坏。该车配备 SP-120 型充电器，电路板实物如图 5-59 所示。

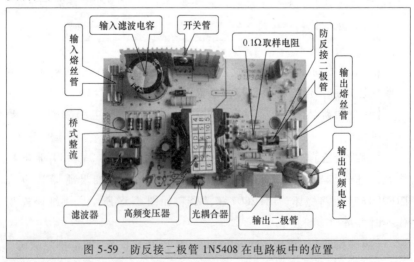

图 5-59　防反接二极管 1N5408 在电路板中的位置

【故障排除】　更换烧坏的输出熔丝管，再换上新的 1N5408 二极管，或用相同电流能力及相同的反向电压的二极管替换后，试机，充电指示灯红灯亮，给蓄电池连续充 2h 后已显示电量 50%，说明故障已排除。

【维修日记】　防反接二极管 1N5408 损坏，会造成充电器无输出电压或输出电压低，从而导致蓄电池充不上电。

（四）【询问现象】比德文电动自行车（豪华型）指示灯不亮，电动机不转

【初步判断】　根据故障现象可初步判断为电源电路故障，需要拆板维修。

【拆机检查】　该故障应重点检查电门锁是否异常。拆开前面板，拔下电门锁插件，如图 5-60 所示，用万用表电阻档检测电门锁引线，电阻值为无穷大，说明电门锁触点烧坏断路。

【故障排除】　更换新的同型号规格电门锁触点或电门锁，即可排除故障。

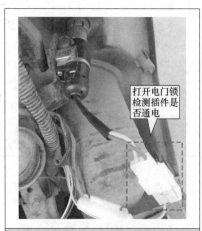

打开电门锁检测插件是否通电

图 5-60　检测电门锁触点

【维修日记】　电门锁是电动自行车的易损元件，电门锁包括机械部分和电接触点部分：由于电动车工作电流较大，触点烧坏的故障频率较高；往往是触点烧坏了，而机械部分完好无损。外在表现是钥匙能正常转动，就是加不上电，或是电流时断时续。

（五）【询问现象】比德文 48V 电动自行车（控制器型号 A4835V4X3Y2Z-JBDW4）电源打开后，旋转转把，整车不工作

【初步判断】　根据故障现象可初步判断为控制器故障，需要拆

板维修。

【拆机检查】 关断电源开关，将接入控制的电源线以及控制器与电动机相连的线拔掉，如图 5-61 所示，控制器与整车彻底脱离。接下来将电源线与电动机相线直接连接。打开电源开关，此时电动机运行正常，说明控制器损坏。

电动机相线

图 5-61　拔掉控制器与电动机引线

【故障排除】 更换新的相同型号规格控制器，即可排除故障。

【维修日记】 更换电动自行车控制器时应保证控制器的输出功率与电动机功率要匹配一致，最好选择厂商原配的产品。如果因客观因素找不到原配的控制器，应尽量选择控制器输出和电动机功率一致的产品。

（六）【询问现象】比德文电动自行车（通用型）按遥控器车子没有任何反应

【初步判断】 根据故障现象可初步判断为遥控器故障，需要拆板维修。

【拆机检查】 首先拆开遥控器检查蓄电池电压及蓄电池接触弹簧均正常。然后用万用表测 HS2240 的①、②脚有 3V 输入电压，而测②、③脚无编码输出电压，说明 HS2240 芯片损坏，如图 5-62 所示。

【故障排除】 更换 HS2240 芯片，即可排除故障。

图 5-62　HS2240 芯片

【维修日记】　当遥控器按键不良或晶体管 3EMSY 损坏，也会出现类似故障。

（七）【询问现象】比德文电动自行车（SP120 充电器）**每次充电后，车子比原先路程缩短**

【初步判断】　根据故障现象可初步判断为充电器内部电路板故障，需要拆板维修。

【拆机检查】　首先检测充电器输出电压为 36V，说明反馈电路存在故障，重点应检查 2.5V 基准电压源 TL431 是否正常。然后打开充电器盖，如图 5-63 所示，用万用表"二极管"档检查 TL431 R 到 K 为通（800～1200Ω 之间），反测不通；测量 A 到 K 通（600～800Ω 之间），K 到 A 不通；R 到 A 不通，A 到 R 通（800～1200Ω 之间，数值最大，如此值明显偏大，说明 TL431 已损坏。

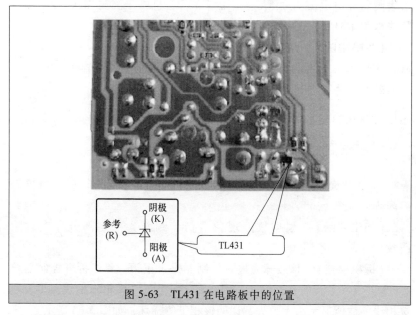

图 5-63　TL431 在电路板中的位置

【故障排除】　采用新的 TL431 代换后，充电 4h 后，电动车行驶里程与先前一样，说明故障排除。

【维修日记】 TL431 是 2.5V 基准电压源，输出电压经电阻分压与 TL431 作比较，将比较结果反馈回 PWM（脉宽调制芯片）芯片，实时调整脉宽信号。如果 431 损坏，造成反馈电压不准，那么输出电压会偏高或偏低，从而造成电动自行车出现行驶进程缩短的故障现象。

第八节　其他电动自行车易学快修

（一）【询问现象】捷安特 DZM482065 型充电器充电时屡炸熔丝管

【初步判断】 根据故障现象初步可判断为充电器存在短路或过电流故障，需要拆板维修。

【拆机检查】 首先插电充电，发现 MOS 管的散热片烫手，用钳形表测量充电电流为 4.5A（正常应 3A），进一步测与 MOS 管相接的限流电阻 R31（0.33Ω）已断路，如图 5-64 所示。

【故障排除】 焊下电阻 R31，用 2 只 0.3Ω 的电阻串联，并更换 FUSE1 熔丝管，再测充电电流降到了 2.8A。插电充电连续 8h 未出现炸熔丝管故障，转灯也正常，说明故障排除。

【维修日记】 维修此类故障，一定要找到故障的根本原因，如果充电电流太大不降下来，换了熔丝管照样会烧坏熔丝管。

（二）【询问现象】澳柯玛电动车（通用型）无法行驶，且仪表灯闪烁

【初步判断】 根据故障现象可初步判断为控制部分存在故障所致。

【拆机检查】 该故障应检查控制器是否正常。具体拆开控制器检查 75NF75 场效应管是否损坏，用红表笔接黑色（较粗）地线，黑表笔接相线，数值显示为无穷大，说明该相下管损坏，如图 5-65 所示。

【故障排除】 更换损坏的一只 75NF75 场效应管，即可排除故障。

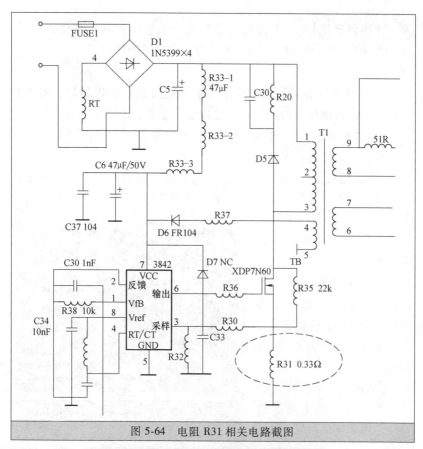

图 5-64　电阻 R31 相关电路截图

图 5-65　75NF75 场效应管

【维修日记】 该车为直流智能无刷电动机三模式控制器，型号是 ZMK4818/25/33A，低电平制动，相位角 60°。

（三）【询问现象】澳柯玛电动车（通用型）**出现故障，刚开始时电动机断断续续时转时不转，过后就一点儿也不转了**

【初步判断】 根据故障现象可初步判断为电动机内部电路存在故障所致，需要拆板维修。

【拆机检查】 该故障应重点检查电动机霍尔是否正常。操作方法：拔下电动机霍尔元件，将万用表打到二极管档，红表笔接黑线，黑表笔分别接黄、绿、蓝色的霍尔线，其 3 个阻值应基本一致；然后两表笔对调，分别检测；如三相有阻值不一致，则可能相对应的霍尔传感器损坏。相关现场维修资料如图5-66所示。

图 5-66　澳柯玛电动车电动机霍尔元件

【故障排除】 拆下电动机，同时更换 3 只霍尔元件，即可排除故障。

【维修日记】 代换的 3 个霍尔元件要相同规格型号，不能相混搭配，且应同时换下 3 个霍尔元件。

（四）【询问现象】：澳柯玛电动车（通用型）**打开电源开关，仪表灯亮，但转调速手柄，电动机不转**

【初步判断】 根据故障现象可初步判断为控制电路存在故障所致，需要拆板维修。

【拆机检查】 该故障应重点检查控制器是否正常，具体拆开控制器用万用表测量 P60NF06 功率管阻值是否正常，如图 5-67 所示。经测其阻值为无穷大，说明内部断极。

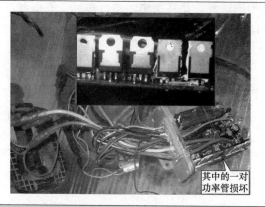

其中的一对
功率管损坏

图 5-67 检查 P60NF06 功率管

【故障排除】 更换损坏的一对 P60NF06 功率管，或采用 P60N06 功率管代换，即可排除故障。

【维修日记】 安装控制器应使用密闭胶做好防水处理。

（五）【询问现象】飞鸽电动自行车行驶时，打开转开关，熔断器会烧毁

【初步判断】 根据故障现象可初步判断为转向灯与转向开关的导线某处短路所致，需要拆板维修。

从转向开关处断开左转向灯线，打开电源开关，向右扳转向开关，短路现象消失，表明接地部位在左侧。从转向开关顺着左转向灯线检查，发现在前照灯壳处该线与接地线插接在一起。

【故障排除】 重新连接好左转向灯线，故障排除。

【维修日记】 转向灯与转向开关间的导线短路，会引起蓄电池大电流放电，致使熔断器烧毁。造成该类故障主要有两种情况。一是转向开关短路；另一种是转向灯线某处短路。前者无论转向开关扳向哪一侧，均构成短路，造成熔断器烧毁；后一种情况是当转向开关扳向某一侧时，电流从接地部位接地构成闭合回路，导致电流过大而烧毁熔断器。

（六）【询问现象】 小飞哥电动自行车插上充电器不充电

【初步判断】 根据故障现象可初步判断为充电器电路板存在故障所致，需要拆板维修。

【拆机检查】 拔掉充电器插头，拆开充电器上盖，检查熔丝 FU1 正常。用万用表电阻档测量电源进线也良好。进一步则测量高压滤波电容 C5 无 400V 直流电压，检查与之相接的共模滤波器 T1 发现两引脚虚焊，出现断路。该充电器局部电路原理如图 5-68 所示。

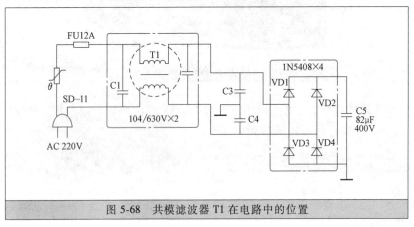

图 5-68　共模滤波器 T1 在电路中的位置

【故障排除】 用电烙铁重新焊好共模滤波器 T1，插上蓄电池能正常充电，故障排除。

【维修日记】 当 4 个 1N5408 二极管存在故障，也会出现类似故障。

（七）【询问现象】 小刀 DC48V 电动车插上充电器不通电

【初步判断】 根据故障现象可初步判断为充电器内部电路板电源故障所致，需要拆板维修。

【拆机检查】 拆开充电器机壳，检查熔丝管 F1 完好，再仔细检查发现电源芯片 IC1（TL3842P）中部炸裂。接着用万用表电阻档测 IC1 的外围元器件电源管 U1（FQP8N60）击穿，电阻 R2（20Ω）、R4（1Ω）也断路，相关电路截图如图 5-69 所示。

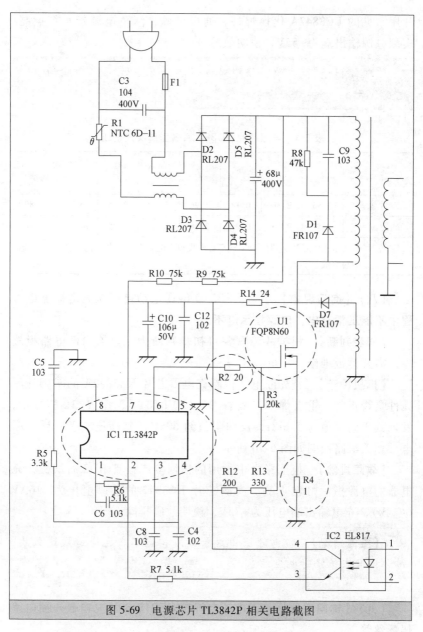

图 5-69　电源芯片 TL3842P 相关电路截图

【故障排除】　代换 TL3842P 芯片，更换损坏阻容元件，电源芯片用常见的 UC3842A 代换焊好，通电试验，绿色电源指示灯点亮，实测电源输出端为+55V，说明故障排除。

【维修日记】 本次检修中对电源芯片 UC3842A 各引脚的实测电压见表 5-1，供维修检测时参考。

表 5-1 电源芯片 UC3842A 各引脚实测电压

引脚 状态	①	②	③	④	⑤	⑥	⑦	⑧
带载	2.56	2.38	0.18	1.96	0	2.35	16.65	4.80
空载	1.57	2.53	0.01	2.18	0	0.05	14.18	5.0

说明:带载指充电器输出端接 48V 汽车灯泡模拟充电状态测得电压;空载指充电器输出端空载

（八）【询问现象】 小刀 SP3210-64B 电动自行车充电器充电过程中不能正常充电，电源指示灯不亮

【初步判断】 根据故障现象可初步判断为充电器内部电路板故障，需要拆板维修。

【拆机检查】 首先断电，检测充电器芯片 KA3842A 的⑦脚外围元件是否正常。重点焊下二极管 D5（HER104），用 $R×1k$ 档测量，发现其正向阻值为 $5.8k\Omega$，反向阻值约 $60k\Omega$，判断该二极管反向漏电。相关电路截图如图 5-70 所示。

【故障排除】 换上彩电中常用的快恢复二极管 RU2 后试机，充电器的电源指示灯已点亮。实测芯片 KA3842 的⑦脚电压为+16AV（空载），充电输出端电压为+75V，说明故障排除。

【维修日记】 当电源输出线断线或接触不良也会造成这种故障，因此在维修时也应注意。

（九）【询问现象】 小刀电动自行车 SP218-60V 充电器一插电就烧熔丝管

【初步判断】 根据故障现象可初步判断为充电器存在短路或元

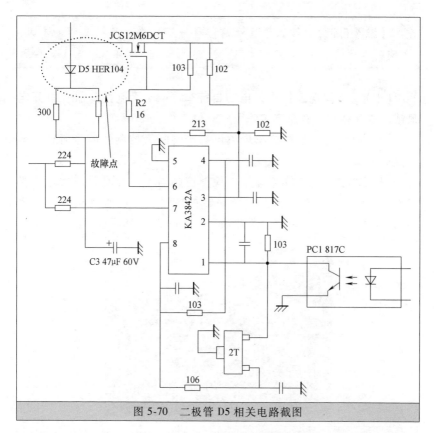

图 5-70 二极管 D5 相关电路截图

器件损坏故障，需要拆板维修。

【拆机检查】 首先检查输入滤波电解电容两端 +300V 电压正常，再检查整流桥，发现 D2 击穿，进一步检查二极管（20N65）也击穿损坏，如图 5-71 所示。

【故障排除】 换新损坏的元器件后，故障排除。

图 5-71 整流二极管 D2 及输入二极管 20N65 在电路板中的位置

【维修日记】 该故障试机前，最好再检查电路板其他处有无异常。

（十）【询问现象】 小刀电动自行车（48V无刷控制器）打开电源锁，旋动转把，整车不工作

【初步判断】 根据故障现象可初步判断为控制器故障所致，需要拆板维修。

【拆机检查】 该故障应重点检查控制器主芯片是否正常。从线路板上找到PWM输出位置，转动转把，测量该点的电压值无变化（正常应为0~5V），说明该芯片损坏，如图5-72所示。

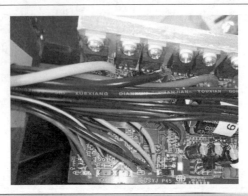

图5-72　小刀电动车控制器主芯片

【故障排除】 更换相同规格控制器或主芯片，即可排除故障。

【维修日记】 电动自行车控制器主芯片内部一般写有运行程序，若只更换相同型号的芯片依旧会造成控制器不能工作的故障，因此，修复该例故障最好是更换48V无刷控制器总成。

（十一）【询问现象】 奇蕾电动自行车（通用型）骑行中提速断断续续，时走时不走

【初步判断】 根据故障现象可初步判断为电源线路或调速把故障，需要拆板维修。

【拆机检查】　首先检查蓄电池的连接线均正常。接下来找到调速转把到控制器的插件，如图 5-73 所示，两个插件，一个接调速开关，另一个接霍尔传感器。用万用表检测测量转把霍尔传感器 红—黑 线 电压 5.11V，绿—黑 线 电压 0.05V，且转动调速转把时电压无变化，说明调速转把霍尔元件损坏。

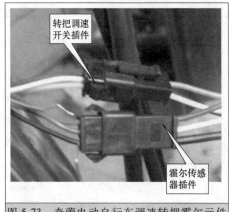

图 5-73　奇蕾电动自行车调速转把霍尔元件

【故障排除】　拆开调速转把更换霍尔或更换新的相同型号规格调速转把，即可排除故障。

【维修日记】　该机调速转把为线性霍尔元件，型号为 AH49E，可采用 SS49E 或 AH41E 代换。

（十二）【询问现象】博乐电动车转动转把，车轮转动无力，并传出"嗡嗡"响，且显示断相运行

【初步判断】　根据故障现象可初步判断为控制电路故障导致断相运行故障，需要拆板维修。

【拆机检查】　该故障应重点检查控制器驱动电路。该机驱动电路如图 5-74 所示。首先检测 C 相上管的 P4 点对地电压一直不变，而 P3、P5 对地电压在变化，说明 P5 点电压没有加到 P4 点，这里可能是 E5 或者 D9 坏掉或者虚焊。

【故障排除】　经仔细查看，发现 E5 虚焊，重新加焊后，试机，故障排除。

【维修日记】　在实际中，有多种原因会造成缺相运行，这里最主要原因是元器件虚焊。当 T7、V18、CPU 的 ⑮ 脚虚焊，同样会造成类似故障。

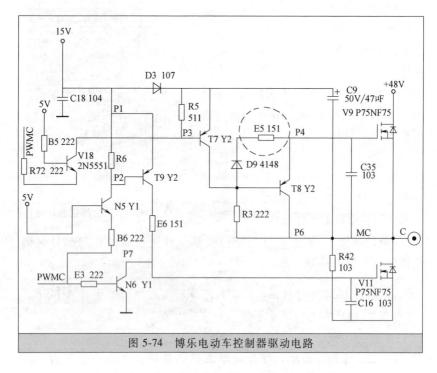

图 5-74　博乐电动车控制器驱动电路

（十三）【询问现象】金嘉豪公主款电动摩托车灯具和扬声器都不工作

【初步判断】　根据故障现象初步可判断为转换器故障，需要拆板维修。

【拆机检查】　将万用表置于直流 200V 电压档位，打开电源开关，首先测量转换器的输入引线为 60V 与蓄电池组的电压一致，然后测量转换器的输出线无 12V 电压，说明转换器损坏，如图 5-75 所示。

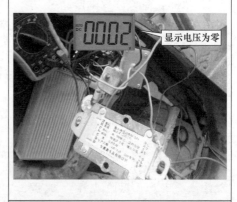

显示电压为零

图 5-75　金嘉豪公主款电动摩托车转换器

【维修日记】 检修转换器时，注意检查转换器的红色输入引线上，大多数厂商安装有一个 10A 熔丝管，检修时注意检查熔丝管是否损坏，如果损坏，更换同型号熔丝管。

（十四）【询问现象】宝德驰 4.8V-C2 电动自行车充电器插上电源指示灯不亮，不能充电

【初步判断】 根据故障现象可初步判断为充电器存在故障，需要拆板维修。

【拆机检查】 打开充电器外壳通电试机，测得滤波电容 C1 两端为 +300V，测电源 IC1（KA3842AP）内部振荡电路启动电源端⑦脚电压 +65V（正常应在 14~20V 左右），判断电源块 KA3842AP 可能损坏，拆下测其⑤、⑥、⑧脚已击穿直通。相关电路截图如图 5-76 所示。

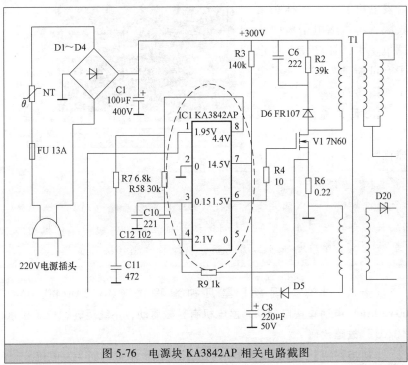

图 5-76 电源块 KA3842AP 相关电路截图

【故障排除】 更换新的电源块 KA3842AP 后，试通电，风扇运转，电源指示灯亮，带 60W 灯泡作假负载测试，测充电器输出端直流电压约 +55V，说明故障排除。

【维修日记】 当电阻 R3（150kΩ）阻值减少，也会造成类似故障。

（十五）【询问现象】 星月神增程式（48V12Ah/48V20Ah/60V20Ah）电动车按下"ON/OFF"键无反应，仪表显示"8040"故障代码

【初步判断】 根据仪表显示的故障代码初步可判断为发电机起动霍尔故障，需要拆板维修。

【拆机检查】 首先检查发电机起动霍尔插头无松脱，再检测电子风门线圈也正常，怀疑发电机定子有可能已损坏，该机定子如图 5-77 所示。

【故障排除】 代换型号规格发电机定子后，故障排除。

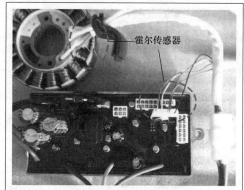

图 5-77　烧坏的定子

【维修日记】 增程式电动车为油电两用车，是通过小型发电机发电提供一个不间断电源（48V/60V）驱动后轮电动机，蓄电池吸收富余的能量（充电），达到保证续航里程的电动车。该机增程智能系统工作原理如图 5-78 所示，供维修检测代换时参考。

（十六）【询问现象】 星月神增程式（48V12Ah/48V20Ah/60V20Ah）电动车按电起动，发电机有轻微震动，不能运转，仪表显示"0101"故障代码

【初步判断】 根据仪表显示的故障代码初步可判断为发电机控制

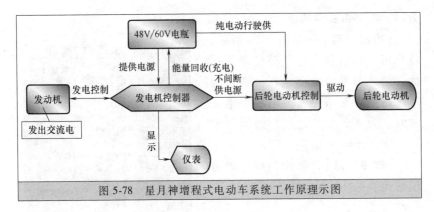

图 5-78　星月神增程式电动车系统工作原理示图

器故障，需要拆板维修。

【拆机检查】　首先代换发电机控制器，试机，故障不变，怀疑定子有可能损坏，拆开定子检查，发现定子已烧坏，如图 5-79 所示。

图 5-79　烧坏的定子

【故障排除】　更换型号规格定子后，故障排除。

【维修日记】　出现此故障代号时，是发电机控制器坏，同时可能会伴随着定子被烧坏的现象，更换发电机控制器时，要检查发电机定子，若损坏同时更换掉即可。

（十七）【询问现象】星月神增程式（48V12Ah/48V20Ah/60V20Ah）电动车仪表不显示

【初步判断】　根据故障现象可初步判断为电源供电或仪表本身

故障，需要拆板维修。

【拆机检查】 如图 5-80 所示，首先用万用表直流电压档检测仪表插件红线和黑线之间电压，驱动信号线路连接是否正常，电源供电正常时应为 4.2~5V 之间，经测得电压正常，怀疑仪表本身损坏。

【故障排除】 采用同型号规格仪表代换后，故障排除。

【维修日记】 星月神增程式电动车仪表插件电源供电电压公主款为棕红、蓝黑、黑白；简易款为棕红、蓝黑、黄白）。

图 5-80 检测仪表电源供电电压

（十八）【询问现象】渝万里 48V 电动自行车换上新的 48V 控制器和电动机后，按照线的颜色对应接好后起动电动机，电动机会旋转，但是发出很大的"嗡嗡"声

【初步判断】 根据故障现象可初步判断为电动车控制器、电动机、霍尔配相存在问题，需要拆板维修。

【拆机检查】 该车相位角为120°，高电平制动把，控制器、电动机及霍尔接线如图 5-81 所示。排除故障需要全新对电动机相线和霍尔线进行配相。

【故障排除】 分别手动对电动机霍尔线黄兰线对调下位置，然后重新相线配相就可以配出正常的正转，电动机旋转正常"嗡嗡"声也消失，故障排除。

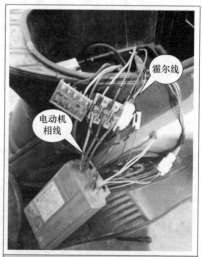

图 5-81 渝万里 48V 电动车控制器、电动机及霍尔接线

【维修日记】　不是所有的控制器和电动机按相同颜色对线连接就成功的，对于电动机出现旋转无力等故障需要进行手动配相。

（十九）【询问现象】飞科牌电动车在正常行驶的过程中，扳动左、右转向灯开关，显示仪表中的指示灯和转向灯均亮，但是不闪烁

【初步判断】　根据故障现象可初步判断为闪光器、转向灯泡或转向开关触点存在故障，需要拆板维修。

【拆机检查】　该电动车灯的工作原理如图5-82所示。首先查看闪光器与外电路的连接是否正确，经检测，闪光器与外电路的连接正确，再通过显示仪表的显示判断蓄电池的电量也正常。又采用同规格的闪光器对原闪光器进行代换后，故障不变，最后怀疑灯泡有可能损坏。

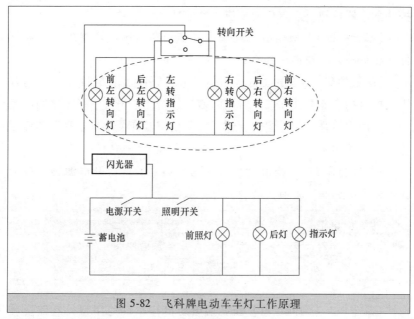

图5-82　飞科牌电动车车灯工作原理

【故障排除】　将烧毁的灯泡替换后，开通电源锁，电动车正常行驶，并且转向灯正常闪烁，故障排除。

【维修日记】 电动车的车灯电路主要是照明电路和指示灯电路组成，通常采用并联方式进行连接，并通过照明开关按钮以及左右转向开关进行控制。在照明电路中，当电动车接通电源后，其电压到达照明开关按钮，一旦行驶时按下开关，使整个电路形成闭合回路，从而使前、后灯点亮，实现照明功效。在指示灯电路中，一旦电源接通，其电压将被送到闪光器和三位开关上，此时，该开关将根据行车人的相关操作，实现左、右指示灯的功能。当打开左指示灯开关时，使其左侧指示灯闭合形成回路，从而使左指示灯点亮；而当左、右转向开关处于中间档时，则使三位开关处于断开状态，电路开路，从而关闭指示灯。

（二十）【询问现象】安琪尔牌电动自行车在正常行驶过程中，按动扬声器按钮，没有任何反应，其他功能均正常

【初步判断】 根据故障现象可初步判断为扬声器直接相关的部件存在故障，需要拆板维修。

【拆机检查】 该电动自行车整车电路原理如图5-83所示。用万用表检测扬声器开关在按下时电阻值，经检测，当按下扬声器的开关后，其两引线之间的电阻值为零，表明扬声器开关本身正常。怀疑故障在扬声器本身。

【故障排除】 更换电动自行车的扬声器后，打开电源锁，按下扬声器开关，扬声器有声音，故障排除。

【维修日记】 该电动自行车扬声器由蓄电池直接供电并由按钮开关S1控制，车子能正常行驶说明其蓄电池供电正常，应重点检查扬声器开关和扬声器本身是否存在问题。

（二十一）【询问现象】喜德盛电动自行车（通用型）在路上骑行时突然不走了

【初步判断】 根据故障现象可初步判断为控制器或电动机损坏，需要拆板维修。

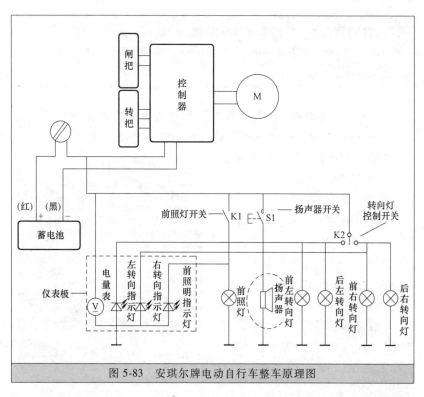

图 5-83　安琪尔牌电动自行车整车原理图

【拆机检查】　用万用表
检测控制器 36V 主电压正常，
而控制器与转把信号线无电
压，说明控制器存在故障。
卸下控制器外壳的 3 颗螺钉，
拆出主板，测可调线性稳压
器 LM317T 24V 电压正常，再
测稳压管 78L05 输出点只有
2.5V，说明 78L05 已损坏，
如图 5-84 所示。

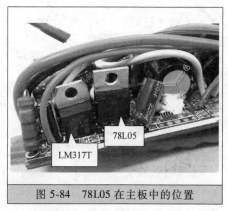

图 5-84　78L05 在主板中的位置

【故障排除】　代换 78L05 后，连接好控制器插件，试机，故障
排除。

【维修日记】 若稳压管 78L05 容易损坏，也可采用功率更大的 7805T 代换。缺陷是功耗大了点，会造成电动自行车速度稍慢，其他没什么影响。

（二十二）【询问现象】 "黄鹤"牌超级磁霸电动自行车行驶速度慢，骑行时感觉"一顿一顿"的，电动机还发现摩擦声

【初步判断】 根据故障现象可初步判断为电动机霍尔元件故障，需要拆板维修。

【拆机检查】 通电，打开电门锁，用手慢慢转动电动机，用万用表电 20V 档测量 3 根信号线和负极之间电压 0V 不变化，说明霍尔元件损坏。

【故障排除】 依次卸下后座，拔掉电动机线，卸下电动机，更换如图 5-85 所示 3 个 41F 霍尔元件后，试车，故障排除。

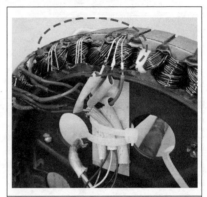

图 5-85 "黄鹤"牌超级磁霸电动自行车电动机霍尔元件

【维修日记】 拆卸电动机端盖固定螺钉时应做好记号，以免造成安装错误。

（二十三）【询问现象】 上海天爵电动自行车有电但转动转把车子不走，推行费力，推行时发出"噔噔噔"的声音

【初步判断】 根据故障现象可初步判断为控制器功率管短路性损坏或电动机线因接触虚接造成短路所致，需要拆板维修。

【拆机检查】 本着先易后难的原则，先拔掉电动机三根粗相线，推车费力现象消失，说明控制器内部损坏。拆开控制器外壳，测量发现两只 P75NF75 功率管烧穿短路，如图 5-86 所示。

【故障排除】 用热风枪吹下两只损坏的 P75NF75 功率管，更换上新的同型号功率管后，试机，故障排除。

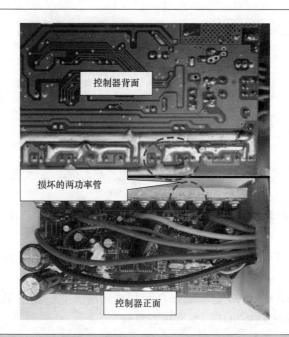

图 5-86　两只 P75NF75 功率管烧穿短路

【维修日记】　由于功率管工作时电流较大，因此，在安装 P75NF75 场管时一定要重新涂上导热硅脂。在将主板装回控制器外壳中时也要在相应位置涂上导热硅脂。

（二十四）【询问现象】踏浪电动自行车（简易型）前照灯不亮

【初步判断】　根据故障现象可初步判断灯开关或灯故障，需要拆板维修。

【拆机检查】　首先打开前照灯检查灯开关电压正常。然后卸下前罩，检查前灯的 5 个 LED，如图 5-87 所示。用万用表二极管档检测，红表笔接正、黑表笔接负，LED 灯珠均不亮（正常应该点亮），说明 5 个 LED 已损坏。

【故障排除】　焊下损坏的 5 个 LED，重新焊上新的 LED，即可排除故障。

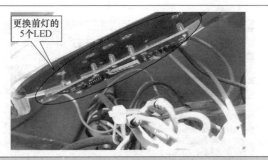

图 5-87　检查前灯的 5 个 LED

【维修日记】　当前照灯焊点锈蚀或脱焊，也会出现类似故障。

（二十五）【询问现象】洪都电动自动车（通用型）**充电器指示灯不亮**

【初步判断】　根据故障现象可初步判断为充电器指示灯烧坏或充电器内部电路板损坏，需要拆板维修。

【拆机检查】　首先用万用表测得无直流电压输出，拆开充电器外壳检查熔丝管完好，说明电路主板存在故障。该车专用充电器电路主板部分电路原理如图 5-88 所示，插上电源插座，用万用表电压档测得 UC3842 的⑦脚电压偏低（正常时应为 34V 左右电压），而其余引脚无电压（正常时⑧脚应有 5V 电压，其余引脚也就有相应电压），说明 UC3824 已损坏。

【故障排除】　更换相同型号 UC3842 或用 KA3842 代换，即可排除故障。

【维修日记】　该充电器其原理是以 UC3842 为核心，配合 LM324 实现三阶段充电。UC3842 内部引脚参数如图 5-89 所示，供维修检测代换时参考。

（二十六）【询问现象】立联达电动自行车（通用型）**充电器不能充电**

【初步判断】　根据故障现象可初步判断为充电器或蓄电池故障，需要拆板维修。

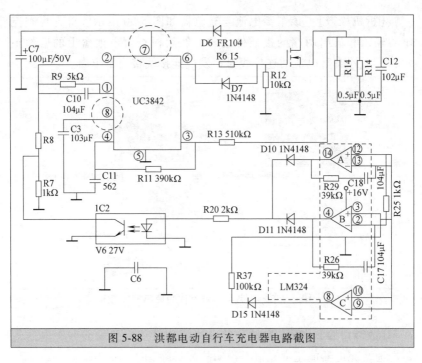

图 5-88 洪都电动自行车充电器电路截图

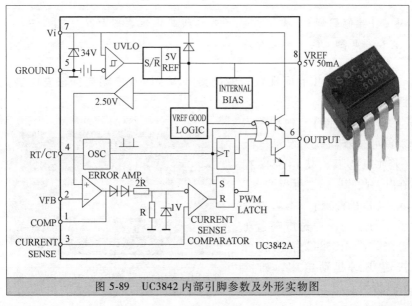

图 5-89 UC3842 内部引脚参数及外形实物图

【拆机检查】 该车蓄电池与充电器如图 5-90 所示。首先检查充电器输入和输出两端的接插件正常。然后检查蓄电池盒上的熔丝正常，最后检查蓄电池的连接线时，发现连接线接头不牢靠。

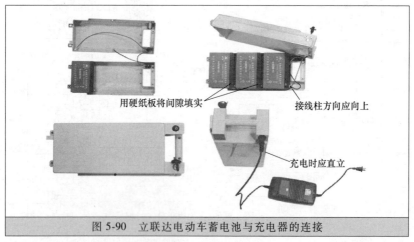

用硬纸板将间隙填实

接线柱方向应向上

充电时应直立

图 5-90　立联达电动车蓄电池与充电器的连接

【故障排除】 重新连接好蓄电池的连接线，并安装好充电器与蓄电池，充电器能正常充电，说明故障排除。

【维修日记】 安装蓄电池连接线时，注意不要接反了，一定要和充电器上的正负极对应。

（二十七）【询问现象】爱德意 60V/20Ah 电动自行车充电器，插市电无反应

【初步判断】 根据故障现象可初步判断为起动电阻（兼放电电阻）或 UC3842 存在开路故障，需要拆板维修。

【拆机检查】 本着先易后难的原则，首先排查起动电阻，沿 UC3842 第⑦脚可快速找到起动电阻，如图 5-91 所示。用万用表测得阻

图 5-91　150Ω 的起动电阻在主板中的位置

值为 150Ω 的起动电阻阻值为无穷大，说明开路损坏。

【故障排除】 采用同型号规格的色环电阻代换后，市电红灯亮起，测空载输出电压为 68.5V，基本正常，故障排除。

【维修日记】 起动电阻阻值大多在 120~150kΩ 左右，阻值稍有偏差没关系，但电阻的耗散功率按要求要在 2W 以上，在实际维修中达到 1W 以上可用，最好选用金属膜电阻或线绕电阻。

（二十八）【询问现象】韩玲电动自行车（电摩型）电源开关旋至接通位置，调速把未转动时，车辆已起动

【初步判断】 根据故障现象可初步判断为控制电路故障，需要拆板维修。

【拆机检查】 该故障应重点检查调速转把是否正常，经查为调速转把信号线松动所致。该机电路原理如图 5-92 所示，供维修检测代换时参考。

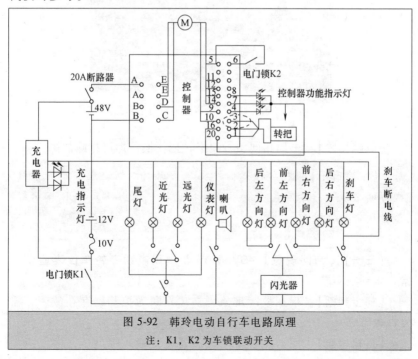

图 5-92 韩玲电动自行车电路原理

注：K1，K2 为车锁联动开关

【故障排除】 重新焊接好调速转把信号线后，故障排除。

【维修日记】 当控制器拉索损坏，也会出现类似故障。

（二十九）【询问现象】捷马巧格电动自行车有电，但转动转把，车子不走

【初步判断】 根据故障现象可初步判断为转把故障，需要拆板维修。

【拆机检查】 该车为三档变速带档位指示灯转把，用万用表检测转把调速线电源线（红）和地线之间5V电压正常，再在转动转把的同时，测电源线（红）与信号线（绿）之间无电压变化，说明转把霍尔元件损坏，如图5-93所示。

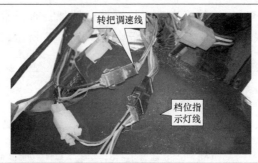

图 5-93　检测捷马巧格电动自行车转把

【故障排除】 采用相同型号规格转把代换，即可排除故障。

【维修日记】 该车转把插件共9条引线，红、黑、绿3条引线为调速线；另外6条引线用来连接变速档位上3只LED指示灯正极和公共负极。

（三十）【询问现象】48V500W 新澳玛电动三轮车仪表显示正常，电动机不转

【初步判断】 根据故障现象可初步判断为控制器存在故障，需要拆板维修。

【拆机检查】 用万用表检测控制器电源输入端电压，电压应大

于48V（蓄电池充足电），如无电压，应检查输入线。检查控制器转把电源电压（接转把的红、黑线），正常电压在5~6V，如无5V电压，拔下转把插座，电压恢复5V，则可能为电动机霍尔元件短路，如仍无5V电压，则为控制器故障，应更换控制器。

【故障排除】　采用如图5-94所示专用控制器代换后，故障排除。

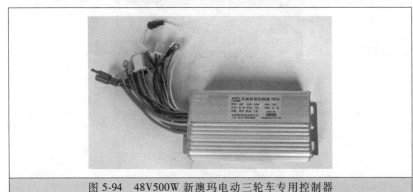

图5-94　48V500W新澳玛电动三轮车专用控制器

【维修日记】　值得注意的是，该控制器仅用于48V500W无刷减速电动机，不能用于轮毂电动机。

（三十一）【询问现象】天津大安电动三轮车转动转把车轮不动，用手转动后轮没有卡滞现象

【初步判断】　根据故障现象可初步判断为控制器故障，需要拆板维修。

【拆机检查】　重点检查控制器电源是否正常。将万用表设置在直流电压+20V（DC）档位，将万黑表表笔与红表笔分别接在转把的黑线和红线上，测得无5V电压输出，说明控制器内部电源电路存在故障。拆开控制器外壳，通电测主板上的78L05无输出，如图5-95所示，再测78L05的输入端电压也基本为零。复测78L05输入端对地电阻为零，拆下78L05检查也是正常的。说明一次降压后面有短路情况，将25V/470μF电容拆下测量发现已损坏，如图5-96所示，又测电路板，短路现象已经不存在了。

图 5-95　检测 78L05 输出电压

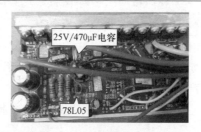

图 5-96　25V/470μF 电容在主板中的位置

【故障排除】 更换 25V/470μF 电容后试机，故障排除。

【维修日记】 电动自行车控制器内部电源一般采用三端稳压集成电器，一般用 7805、7806、7812、7815 规格的稳压集成电路，它们的输出电压分别是 5V、6V、12V、15V。用万用表测量读数是否与标称电压相符，它们的上下电压差不应超过 0.2V，否则说明控制器内部电源出现故障了。

（三十二）【询问现象】 通胜牌货运电动三轮车打开电源锁，仪表上显示有电，但转动转把电动机不转

【初步判断】 根据故障现象可初步判断为电源供电或接触器存在故障，需要拆板维修。

【拆机检查】 该机接触器位于后车厢下，如图 5-97 所示。支起后车厢，首先打开电源锁，听不到接触器吸合声。于是用万用表的直流电压档黑表笔接整车的黑色负极线，红表笔接接触器的红色供电线，测量有 37.6V 电压，说明接触器已供电。再测量接触器的粗红色电源正极输入进线也有 37.6V 电压，进一步测量接触器的粗红色电源正极输出线无电压，说明接触器损坏。

图 5-97 通胜牌货运电动三轮车接触器

【故障排除】 采用电压为 36V 的接触器代换后，打开电源锁，听到接触器的吸合声，转动转把试车，电动三轮车行驶正常，故障排除。

【维修日记】 货运电动三轮车一般采用的是直流接触器，线圈电压有 36V、48V、60V 等，触点电流达 150A。它的主要作用是控制三轮车电动机电流的通断，决定电动机是否送电运行，接触器吸合，电动机即通电，接触器断开，电动机不通电，操作方便。

（三十三）【询问现象】 天路电动三轮车突然没电，不能起动

【初步判断】 根据故障现象可初步判断为电源部分存在故障，需要拆板维修。

【拆机检查】 首先检查蓄电池连接线均正常，再检查电源线上的熔丝插片发现已熔断，如图5-98所示。

图 5-98 天路电动三轮车熔丝插片

【故障排除】 更换 30A 熔丝插片，并检查线路均正常后试机，故障排除。

采用此类插片式熔丝的电动车，当通过过大电流时容易造成熔断，最好更换成断路器，以免出现类似故障。

（三十四）【询问现象】金彭骏祺 150 型电动三轮车屡烧转换器

【初步判断】 根据故障现象初步可判断为转换器安装线路接错、线路搭铁，需要拆板维修。

【拆机检查】 首先检查转换器正、负线连接正确，再仔细检查发现在车头处的转换器输出线的护套绝缘外层已磨破，接触到车架造成严重搭铁。该机转换器如图5-99所示，输入 48 ~ 100V，输出 DC12V/10A，适用金彭电动车全系车型。

图 5-99 金彭电动三轮车转换器接线图

【排除故障】 将车头处的转换器输出线的护套绝缘外层用绝缘胶带包括后，用户反映不再烧转换器，故障砌底排除。

【维修日记】 该机转换器红线接蓄电池，黑线接地线，黄线接输出，灰线接电门锁输正极，绿线接转速信号线，安装转换器时应注意正确接线。

（三十五）【询问现象】金彭老年用 48V/350W 电动三轮车骑行中突然不走车，仪表上显示有电压，但转动转把电动机不转，仪表上的电压迅速下降

【初步判断】 根据故障现象可初步判断为蓄电池故障，需要拆

板维修。

【拆机检查】　打开后车厢，检查蓄电池连线连接正常，用万用表测量蓄电池充电端子只有 16.6V 电压，48V 车蓄电池电压应在 48～54V 之间，明显电压不足。用万用表测量单个蓄电池电压，有一个电压只有 9.2V，低于最低欠电压保护值 10.5V，说明蓄电池存在故障。

【故障排除】　用螺钉旋具取下损坏蓄电池，用一个同容量的蓄电池进行更换，装车试验，电动三轮车转动正常。

【维修日记】　检修该类故障，可使用蓄电池检测表对单个故障蓄电池进行进一步检测，若检测时指针回零，说明内阻过大，则该单个蓄电池已损坏，需要更换。

（三十六）【询问现象】白天鹅电动三轮车上坡时控制器冒烟

【初步判断】　根据故障现象可初步判断为线路短路故障所致，需要拆板维修。

【拆机检查】　掀开脚踏板，检查控制器，发现控制器外部连线烧坏相连。故障原因是用户自己维修过，用电胶带包扎连线，由于上坡时电动三轮车运行电流过大，造成控制器连线相连短路，烧坏控制器。

【故障排除】　该车控制器型号为 48V/50W 无刷控制器，更换如图 5-100 所示相同型号的万能控制器，依次连接好电动机相线→电动机霍尔元件的 5 芯插件→转把 3 芯插件→控制器供电粗红、粗黑和电源锁细线引线→将黄色调试线插件对插，打开电源锁，用手向前转动电动机，等电动机转动几分钟将黄色调试线插件拔开，电动机旋转正常。最后，将仪表线和制动线接好，打开电源锁试车，故障排除。

图 5-100　48V/50W 无刷万能控制器

【维修日记】 代换控制器时，应注意供电粗红、粗黑电源线不能接反，否则会造成控制器烧毁。需要剪去插件连接的接头应用电气 PVC 绝缘胶带包好。

(三十七)【询问现象】 福田五星 TDSQ1ZWK 型电动三轮车整车没电，不能起动

【初步判断】 根据故障现象可初步判断为电源或连接线问题，需要拆板维修。

【拆机检查】 首先检查熔丝、电源开关均无异常，再检查控制器各接线插头也正常，最后在检查蓄电池时，发现蓄电池连接线脱焊掉了。该车电路原理如图 5-101 所示，供维修检测代换时参考。

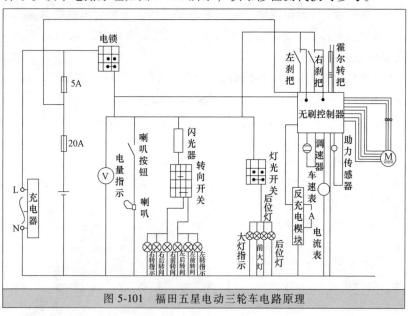

图 5-101　福田五星电动三轮车电路原理

【故障排除】 用电烙铁重新焊接好蓄电池连接线，即可排除故障。

第六章

维修现场第5步——资料查阅与总结

★ 一、故障代码查阅

（一）139F-H 控制器故障代码查询（见表6-1）

表6-1　139F-H 控制器故障代码

显示位置	显示屏显示代码	报警故障
前两位	0100h	发动机运放电流初始化保护报警
	0200h	发动机短路保护报警（电动机内部短路）
	0400h	发动机过电流保护报警
	1000h	发动机发电母线电压过高保护报警（输出电压高于额定）
	2000h	发动机阻转保护报警（起动电流小）
	4000h	发动机起动失败3次保护报警
	8000h	发动机霍尔相位故障报警
后两位	0001h	后轮电动机运放电流初始化保护报警（开机延迟2s）
	0002h	后轮电动机运行电流保护报警（限流值）
	0004h	蓄电池欠电压保护报警（不建议欠电压充电，供电不足，运行无力）
	0008h	控制器温度过高保护报警（限制80℃）
	0010h	发动机机油报警
	0020h	点火器故障报警
	0040h	输出没有负载报警
	0080h	机油温度传感器故障报警

说明：该控制器用于增程电动车，其工作原理是通过小型发电机发电提供一个不间断电源（48V/60V）驱动后轮电动机，蓄电池吸收富余的能量（充电），达到保证续航里程的电动车

（二）凯利 KBS-G 系列无刷电动机控制器故障代码查询（见表 6-2）

表 6-2　凯利 KBS-G 系列无刷电动机控制器故障代码

自诊代码		自诊说明	处理方法
绿灯灭	■■■■■■	没电或未工作	1.没电时需要检测接线是否正确。 2.检查熔丝和供电开关
红和绿灯同时亮	□	正常工作	
红和绿灯同时亮			1.软件需要更新。 2.过电压或者欠电压复位 3.控制器损坏,需拆机检修进一步确认
红灯较暗常亮			1.输出 5V 短路。 2.检查连线
红灯错误代码			
1,1		自识别错误	主要因为电动机相线或者霍尔元件没有连接好。使用自识别功能,电动机最好悬空
1,2	¤　　¤ ¤	过电压错误	蓄电池电压高于控制器最大工作电压,请检查蓄电池电压
1,3	¤　　¤ ¤ ¤	欠电压错误	1.如果电压在 5s 后恢复正常,控制器将试图去自动清除故障代码。 2.检查蓄电池电压。 3.低于控制器最低工作电压 4.必要时给蓄电池充电
1,4	¤　　¤ ¤ ¤ ¤	温度警告	控制器温度高于 90℃。这时控制器将会对输出电流进行弱化输出。建议停止输出或减少输出使温度下降以保护控制器
2,1	¤ ¤　　¤	电动机无法起动	控制器开始输出后 2s 后电动机转速没有达到 25 电气 RPM,很可能是霍尔元件或者相线的问题

（续）

自诊代码		自诊说明	处理方法
2,2	▫ ▫　　▫ ▫	电压错误	1.检查蓄电池电压和控制电压是否正确,可能是控制电压太低。 2.检查 5V 电压的负载,可能是 5V 电压负载过高,不正确的外部器件接线可能其负载电压过高。 3.控制器损坏,需进一步拆机检修确认
2,3	▫ ▫　　▫ ▫ ▫	过温错误	1.此时控制器温度超过100℃,控制器停止输出以保护控制器。 2.此时需要关闭控制器等温度下降,控制器温度低于 80℃时控制器将继续工作
2,4	▫ ▫　　▫ ▫ ▫ ▫	起动时踏板错误	1.打开控制器时踏板存在有效区域信号时出现此错误(默认 20% ~ 80% 区间有效。例:0~5k 踏板实际是 1k 开始当作1%,4k 当作 100%),通过配置程序重新设置踏板有效范围或设置踏板安全开关。 2.如果踩着踏板开机,关机重新打开后或释放踏板后故障消失
3,1	▫ ▫ ▫　▫	控制器进行多次复位	1.检测到多次复位控制器会停止输出。 2.很可能由于 B-或者接地线,请使用重并且干净的地线,对于双控制器使用重的线缆或者铜条并把两个地线连接起来。 3.可能由于过电流保护,可以减少最大电流设置。 4.重新起动会清除错误。 5.如果反复发生,需要拆机检修进一步确认

（续）

自诊代码		自诊说明	处理方法
3,2	¤ ¤ ¤　 ¤ ¤	控制器内部进行了一次复位	由于过电流、蓄电池电压过高或过低引起的控制器复位，偶尔出现无需关心
3,3	¤ ¤ ¤　 ¤ ¤ ¤	控制器起动时或者运行过程中1~4V霍尔式油门或制动踏板被短路或断路	1.请检查油门或者制动踏板是否短路或者断路。2.故障排除后，重起控制器可消除错误报警
3,4	¤ ¤ ¤　 ¤ ¤ ¤ ¤	转换方向时踏板有信号	控制器将停止输出。释放踏板后恢复正常
4,1	¤ ¤ ¤ ¤　 ¤	再生发电或起动时过压错误	通电后检测到过压控制器就不会起动电动机，发电时过电压错误控制器会消减电流或者停止发电。可以在图形用户界面上设置过压值，最大为控制器额定电压的1.25倍，比如48V控制器可设置过压值最大为60V
4,2	¤ ¤ ¤ ¤　 ¤ ¤	Hall 传感器信号错误	1.120度霍尔电动机出现的60°的编码，或者60°霍尔电动机出现了120°霍尔的编码，将会出现此错误。需要用户通过标定软件设置霍尔角度至正确类型。2.霍尔传感器接线错误。3.霍尔传感器损坏或者时断时续的出现
4,3	¤ ¤ ¤ ¤　 ¤ ¤ ¤	电动机温度过温	1.电动机温度传感器超过设置的最高温度，将停止输出等电动机温度降至恢复温度后重新起动。2.可通过标定软件改变电动机过温温度

　　每次开机时LED闪一下，在控制器正常运行之后LED处于常亮状态。例:1,2表示当有过压错误时亮灭1次然后等1s再亮灭2次,LED灭与亮的时间间隔为0.5s,显示一个错误后灯灭2s后循环显示下一个错误直至错误消除

（三）凯利 KDS 系列小型电动车控制器故障代码查询（见表6-3）

表6-3 凯利 KDS 系列小型电动车控制器故障代码

自诊代码		自诊说明	处理方法
LED 灭	■■■■	没电或未工作	1.没电时需要检测接线是否正确。 2.检查熔丝和供电开关
LED 常亮	▭	正常工作	
1,2	¤　¤¤	过电压错误	1.蓄电池电压高于控制器最大工作电压,请检查蓄电池电压。 2.如果电压在 5s 后恢复正常,控制器将试图去自动清除故障代码
1,3	¤　¤¤¤	欠电压错误	1.如果电压在 5s 后恢复正常,控制器将试图去自动清除故障代码。 2.检查蓄电池电压。 3.低于控制器最低工作电压。 4.必要时给蓄电池充电
1,4	¤　¤¤¤¤	温度警告	控制器外壳温度高于 90℃。这时控制器将会对输出电流进行弱化输出。建议停止输出或减少输出使温度下降以保护控制器
2,2	¤¤　¤¤	传感器电压错误	1.检查蓄电池电压是否正确。 2.连线是否正确。 3.控制器损坏
2,3	¤¤　¤¤¤	过温错误	1.此时控制器温度超过 100℃,控制器停止输出以保护控制器。 2.此时需要关闭控制器等温度下降,控制器温度低于 80℃时控制器将继续工作

（续）

自诊代码		自诊说明	处理方法
2,4	¤ ¤　　¤ ¤ ¤ ¤	起动时踏板错误	1.打开控制器时油门踏板存在有效区域信号时出现此错误（默认 20% ~ 80% 区间有效。例：0 ~ 5k 踏板实际是 1k 开始当作 1%，4k 当作 100%），通过配置程序重新设置踏板有效范围或设置踏板安全开关。 2.如果踩着踏板开机，关机重新打开后或释放掉油门踏板后故障消失
3,1	¤ ¤ ¤　　¤	控制器进行多次复位	1.控制器过电流保护。 2.需关机重新打开后故障清除 3.如果重复发生复位，需要拆机检修控制器进一步判断故障
3,2	¤ ¤ ¤　　¤ ¤	控制器内部进行了一次复位	由于过电流等原因造成的控制器复位，偶尔出现无需关心
3,3	¤ ¤ ¤　　¤ ¤ ¤	控制器起动时或者运行过程中 1 ~ 4V 霍尔式油门或制动踏板被短路或断路	1.请检查油门或者制动踏板是否短路或者断路。 2.故障排除后，重起控制器可消除错误报警

每次开机时 LED 闪一下，在控制器正常运行之后 LED 处于常亮状态。例：1,2 表示当有过压错误时亮灭 1 次然后等 0.5s 再亮灭 2 次，LED 灭与亮的时间间隔为 0.25s，显示一个错误后灯灭 1s 后循环显示下一个错误直至错误消除

（四）凯利 KDZ 系列有刷串励、永磁、他励电动机控制器故障代码查询（见表 6-4）

表 6-4　凯利 KDZ 系列有刷串励、永磁、他励电动机控制器故障代码

自诊代码		自诊说明	处理方法
绿灯灭	████████	没电或未工作	1.没电时需要检测接线是否正确。 2.检查熔丝和供电开关
绿灯亮	▭▭▭▭▭▭	正常工作	

（续）

自诊代码		自诊说明	处理方法
红灯亮绿灯灭			1.软件更新中。 2.过电压或者欠电压复位。 3.控制器损坏，需要拆机进一步检修
红灯较暗常亮			1.输出5V短路。 2.检查连线
红色LED错误代码			
1,2	¤ ¤¤	过电压错误	1.蓄电池电压高于控制器最大工作电压，请检查蓄电池电压。 2.发电时蓄电池电压过高。控制器将停止发电。 3.控制器检测过压可能有2%的误差
1,3	¤ ¤¤¤	欠电压错误	1.如果电压在5s后恢复正常，控制器将试图去自动清除故障代码。 2.检查蓄电池电压。 3.必要时给蓄电池充电
1,4	¤ ¤¤¤¤	温度警告	控制器外壳温度高于90℃。这时控制器将会对输出电流进行弱化。建议停止输出或减少输出使温度下降以保护控制器
2,2	¤¤ ¤¤	内部电压错误	1.检查控制电压是否正确，可能是控制电压太低。 2.检查5V电源的负载，可能是5V电源负载过高，不正确的外部接线可能其负载电流过高。 3.控制器损坏，需要拆机进一步检修
2,3	¤¤ ¤¤¤	过温错误	1.此时控制器外壳温度超过100℃，控制器停止输出以保护控制器。 2.时需要关闭控制器等温度下降，控制器温度低于80℃时控制器将继续工作

（续）

自诊代码		自诊说明	处理方法
2,4	¤¤　¤¤¤¤	起动时踏板错误	1.打开控制器时油门踏板处于有效区域时出现此错误（默认20%~80%区间有效。例：0~5k踏板实际是1k开始当作1%,4k当作100%）,通过配置程序重新设置踏板有效范围。 2.如果踩着踏板开机,释放掉油门踏板后重新开机故障消失。 3.制动打开再关闭时,油门大于0会报此错误
3,1	¤¤¤　¤	控制器进行多次复位	1.控制器过电流保护。 2.可能由于电动机故障以及地线接触不良等问题引起。 3.如果重复发生复位,需要拆机进一步检修
3,2	¤¤¤　¤¤	控制器内部进行了一次复位	由于过电流等原因造成的控制器复位,偶尔出现无需关心
3,3	¤¤¤　¤¤¤	踏板连接错误	在配制1~4V踏板（制动踏板和油门踏板）时,踏板连线电压小于0.5V或高于4.5V报此错误
3,4	¤¤¤　¤¤¤¤	转换方向时踏板有信号	控制器将停止输出。释放踏板后恢复正常
4,1	¤¤¤¤　¤	再生发电或起动时过电压错误	再生发电时超过设置过压值或起动时超过设置过电压值（可通过配置软件设置过压值）,控制器将会停止再生发电。电压降低至恢复电压并且释放制动踏板时恢复再生发电功能
4,2	¤¤¤¤　¤¤	励磁错误	1.励磁电流未达到设置电流（可通过配置软件更改）。 2.励磁断路,检查励磁连线

（续）

自诊代码		自诊说明	处理方法
4,3	¤¤¤¤　　¤¤¤	电动机温度过温	1.电动机温度传感器超过设置的最高温度,将停止输出等电动机温度降至恢复温度后重新起动。 2.可通过标定软件改变电动机过温温度
4,4	¤¤¤¤　¤¤¤¤	霍尔电流计错误	控制器内部关键元器件损坏,需要拆机进一步确认

当红色 LED 亮灭时表示有错误代码。例:1,2 表示当有过压错误时亮灭 1 次然后等 1s 再亮灭 2 次,LED 亮与灭的时间为 0.5s,显示一个错误后 LED 熄灭 2s 后循环显示下一个错误直至错误消除

（五）凯利 KEB 系列无刷电动机控制器故障代码查询（见表 6-5）

表 6-5　凯利 KEB 系列无刷电动机控制器故障代码

自诊代码		自诊说明	处理方法
绿灯灭	████████	没电或未工作	1.没电时需要检测接线是否正确。 2.检查熔丝和供电开关
绿灯常亮	▭▭▭▭▭	正常工作	
红和绿灯同时亮			1.软件更新中。 2.过电压或者欠电压复位。 3.控制器损坏,需要拆机检修控制器进一步判断故障
红灯较暗常亮			1.输出 5V 短路。 2.检查连线
红色 LED 错误代码			
1,2	¤　¤¤	过电压错误	1.蓄电池电压高于控制器最大工作电压,请检查蓄电池电压。 2.发电时蓄电池电压过高。控制器将停止发电。控制器检测过电压可能有 2% 的误差

（续）

自诊代码		自诊说明	处理方法
1,3	¤　¤¤¤	欠电压错误	1.如果电压在 5s 后恢复正常,控制器将试图去自动清除故障代码。 2.检查蓄电池电压。 3.必要时给蓄电池充电
1,4	¤　¤¤¤¤	温度警告	控制器外壳温度高于 90℃。这时控制器将会对输出电流进行弱化。建议停止输出或减少输出使温度下降以保护控制器
2,1	¤¤　¤	电动机无法起动	控制器开始输出后 2s 后电动机转速没有达到 25 电气 RPM,很可能是霍尔或者相线的问题
2,2	¤¤　¤¤	内部电压错误	1.检查蓄电池电压和控制电压是否正确,可能是控制电压太低。 2.检查 5V 电压的负载,可能是 5V 电压负载过高,不正确的外部器件接线可能其负载电压过高。 3.控制器损坏,需要拆机检修控制器进一步判断故障
2,3	¤¤　¤¤¤	过温错误	1.此时控制器外壳温度超过 100℃,控制器停止输出以保护控制器。 2.此时需要关闭控制器等温度下降,控制器温度低于 80℃时控制器将继续工作
2,4	¤¤ ¤¤¤¤	起动时踏板错误	1.打开控制器时油门踏板处于有效区域时出现此错误(默认 20%～80% 区间有效。例:0～5k 踏板实际是 1k 开始当作 1%,4k 当作 100%),通过配置程序重新设置踏板有效范围。 2.如果踩着踏板开机,释放掉油门踏板后重新开机故障消失

（续）

自诊代码		自诊说明	处理方法
3,1	¤ ¤ ¤　¤	控制器进行多次复位	1.控制器过电流保护。 2.可能由于电动机故障以及地线接触不良等问题引起。 3.如果重复发生复位，需要拆机检修控制器进一步判断故障
3,2	¤ ¤ ¤　¤ ¤	控制器内部进行了一次复位	1.由于过电流、蓄电池电压过高或过低引起的控制器复位，偶尔出现无需关心
3,4	¤ ¤ ¤ ¤ ¤ ¤ ¤	转换方向时踏板有信号	控制器将停止输出。释放踏板后恢复正常
4,1	¤ ¤ ¤ ¤　¤	再生发电或起动时过压错误	通电后检测到过电压控制器就不会起动电动机，发电时过电压错误控制器会消减电流或者停止发电。可以在图形用户界面上设置过压值，最大为控制器额定电压的1.25倍，比如48V控制器可设置过压值最大为60V
4,2	¤ ¤ ¤ ¤ ¤ ¤	Hall 传感器信号错误	1.120°霍尔电动机出现的60°的编码，或者60°霍尔电动机出现了120°霍尔的编码，将会出现此错误。需要用户通过标定软件设置霍尔角度至正确类型。 2.霍尔传感器接线错误。 3.霍尔传感器损坏或者时断时续的出现
4,3	¤ ¤ ¤ ¤ ¤ ¤ ¤	电动机温度过温	1.电动机温度传感器超过设置的最高温度，将停止输出等电动机温度降至恢复温度后重新起动。 2.可通过标定软件改变电动机过温温度

（续）

自诊代码		自诊说明	处理方法
4,4	¤ ¤ ¤ ¤ ¤ ¤ ¤ ¤	电动机堵转	发生堵转时,控制器会限制电动机的最大输出相线电流为发生堵转前的90%。当堵转消失时,堵转错误报警代码会自动消失。电动机的最大输出相线电流恢复正常

当红色 LED 亮灭时表示有错误代码。例:1,2 表示当有过压错误时亮灭 1 次然后等 1s 再亮灭 2 次,LED 亮与灭的时间为 0.5s,显示一个错误后 LED 熄灭 2s 后循环显示下一个错误直至错误消失

（六）凯利 PM 全桥永磁系列电动机控制器故障代码查询 （见表6-6）

表 6-6 凯利 PM 全桥永磁系列电动机控制器故障代码

自诊代码		自诊说明	处理方法
绿灯灭	████████	没电或未工作	1.没电时需要检测接线是否正确。 2.检查熔丝和供电开关
绿灯亮	□□□□□□	正常工作	
红和绿灯同时亮			1.软件更新中。 2.过电压或者欠电压复位 3.控制器损坏,需拆机进一步检修确认
红灯较暗常亮			1.输出 5V 短路。 2.检查连线
红色 LED 错误代码			
1,2	¤　　　¤ ¤	过电压错误	1.蓄电池电压高于控制器最大工作电压,请检查蓄电池电压。 2.发电时蓄电池电压过高。控制器将停止发电。控制器检测过电压可能有 2% 的误差
1,3	¤　　¤ ¤ ¤	欠电压错误	1.如果电压在 5s 后恢复正常,控制器将试图去自动清除故障代码。 2.检查蓄电池电压。 3.必要时给蓄电池充电

（续）

自诊代码		自诊说明	处理方法
1,4	¤　　¤ ¤¤¤	温度警告	控制器外壳温度高于90℃。这时控制器将会对输出电流进行弱化。建议停止输出或减少输出使温度下降以保护控制器
2,2	¤ ¤　　¤ ¤	内部电压错误	1.检查蓄电池电压和控制电压是否正确,可能是控制电压太低。 2.检查5V电压的负载,可能是5V电压负载过高,不正确的外部器件接线可能其负载电压过高。 3.控制器损坏,需拆机进一步检修确认
2,3	¤ ¤　　¤¤ ¤	过温错误	1.此时控制器外壳温度超过100℃,控制器停止输出以保护控制器。 2.此时需要关闭控制器等温度下降,控制器温度低于80℃时控制器将继续工作
2,4	¤ ¤　　¤ ¤¤¤	起动时踏板错误	1.打开控制器时踏板存在有效区域信号时出现此错误(默认20%～80%区间有效。例:0~5k踏板实际是1k开始当作1%,4k当作100%),通过配置程序重新设置踏板有效范围或设置踏板安全开关。 2.如果踩着踏板开机,关机重新打开后或释放掉踏板后故障消失
3,1	¤¤ ¤　　¤	控制器进行多次复位	1.控制器过电流保护。 2.可能由于电动机故障以及地线接触不良等问题引起。 3.如果重复发生复位,需拆机进一步检修确认
3,2	¤¤ ¤　　¤ ¤	控制器内部进行了一次复位	由于过电流、蓄电池电压过高或过低引起的控制器复位,偶尔出现无需关心
3,3	¤¤ ¤　　¤ ¤	控制器起动时或者运行过程中1～4V霍尔式油门或制动踏板被短路或断路	1.请检查油门或者制动踏板是否短路或者断路。 2.故障排除后,重起控制器可消除错误报警

（续）

自诊代码			自诊说明	处理方法
3,4	¤¤ ¤	¤¤¤ ¤	转换方向时踏板有信号	控制器将停止输出。释放踏板后恢复正常
4,1	¤¤¤¤	¤	再生发电或起动时过电压错误	通电后检测到过电压控制器就不会起动电动机,发电时过电压错误控制器会消减电流或者停止发电。可以在图形用户界面上设置过压值,最大为控制器额定电压的 1.25 倍,比如 48V 控制器可设置过压值最大为 60V

当红色 LED 亮灭时表示有错误代码。例:1,2 表示当有过电压错误时亮灭 1 次然后等 1s 再亮灭 2 次,LED 亮与灭的时间为 0.5s,显示一个错误后 LED 熄灭 2s 后循环显示下一个错误直至错误消除

（七）上海瑞峰控制器故障代码查询（见表 6-7）

表 6-7　上海瑞峰控制器故障代码

自诊代码	自诊说明	处理方法
指示灯常灭	①转动转把指示灯灭,电动机运行正常;②通电后指示灯不亮	通电前检测控制器有无短路,目视 LED 灯有无反向或损坏。然后通电测量电源电压是否正常,若一切正常则测量电阻 R38 有无损坏,V08 芯片 16 引脚电压（V09 芯片 27 引脚）,（除了语音程序外,一般程序都是在 0~5V 间不断跳变）若芯片输出电压异常则可能是芯片不良
灯闪 1 次	控制器进入待机状态	此时转动转把显示灯灭,电动机运行正常
灯闪 2 次	制动故障	首先要了解清楚是断电制动还是 EABS 制动,是高电平还是低电平制动,然后查看各个接线是否正确,常见的问题:D6、Q8 坏
灯闪 3 次	MOS、驱动电路故障、LM358 损坏	各点正常通电电压（静态）:（以 A 相为例）各 MOS 管只有上桥第二脚有 48V 电压。T2 各极电压为 0,TI 各极电压大约为:基极 14.3V 左右、集电极 0V 左右、发射极 14.3V 左右别;N2 基极为 0.7V,集电极、发射极 0V。N1 基极、发射极 5V,集电极 14.3V 左右;T3 基极、发射极 14.3V 左右,集电极 0V;可参考图（2-2-1）通电后（静态）测量 LM358;V08、V06 版本 1 脚电压约为 3.6~4.0V,V09 版本第 1 脚电压为 4.5V 左右,第 7 脚 1.3~1.4V 左右,特别注意:LM358 第 5 脚与 R5 或与地线开路使单片机误判,指示灯闪 3 下
灯闪 4 次	防飞车保护	转把未归零、转把信号线与 4.3V 短路或进入掉地线防飞车

（续）

自诊代码	自诊说明	处　理　方　法
灯闪5次	查看 LM358:1 脚与 7 脚电位(V08、V06 版本 1 脚电压约为 3.6~4.0V,V09 版本第 1 脚电压为 4.5V 左右,7 脚为 1.3~1.4V);电动机断相、电动机线短路、电动机相线开路或电流信号故障	首先检查电源部分是否正常,若正常则查看驱动部分(可参照上面各晶体管静态工作电压)
灯闪6次	欠电压保护	通电查看电源部分各点电压;如电源电压正常,则可查看电压采样电路是否有贴片电阻(R15,R16,R17)贴错或虚焊
灯闪7次	堵转保护	查看电动机霍尔线接触是否正常,电动机是否处于堵转状态
灯闪8次	转把信号开路、短路或转把未接	查看转把接线是否正常,若接线没有问题则通电查看芯片电压,没接转把时芯片第 1 脚(V09 第 15 脚)电压为 0V,接转把不转时第 1 脚(V09 第 15 脚)电压 0.8V,转起转把 1 脚(V09 第 15 脚)电压为 0.8~3.9V。电压不正常有可能是芯片问题,反之则查看转把和控制板转把电路
灯闪9次	自学习故障	可按普通 EA 控制器维修
灯闪10次	控制器进入无霍尔状态	

（八）无锡博乐控制器故障代码查询（见表6-8）

表6-8　无锡博乐控制器故障代码

指示灯闪烁标志	故障指示灯含义
快闪2次	表明上电前转把信号已经加上,或者转把地线和主板连接不好,或者转把电路有问题
快闪3次	表明电动机处于长期堵转状态,即堵转后转把一直未松开
慢闪2次	表明一直处于制动状态
慢闪3次	表明电流采样电路出问题,LM358 的第 7 脚电压高于 2V
慢闪4次	表明下 MOS 管有一个坏,或者是下 MOS 管驱动电路有问题(导致下 MOS 管一直导通)
慢闪5次	表明上 MOS 管有一个坏,或者是上 MOS 管驱动电路有问题(导致上 MOS 管一直导通)

易学快修电动自行车

（续）

指示灯闪烁标志	故障指示灯含义
慢闪 6 次	表明 60°/120° 电动机霍尔相位不对，或者霍尔连线有问题
慢闪 7 次	表明电流过大，进入过电流保护
慢闪 8 次	表明电源欠电压，或者欠电压电路有问题，还有一种原因是电源电路有问题
慢闪 9 次	表明相线短路。电动机在长期大电流运行时，可能会因高温导致相线或者接头熔化导致短路，本电路板具有完善的相短路保护功能，确保控制器安全可靠

（九）宇扬 24MOS 管双模板控制器故障代码查询（见表 6-9）

表 6-9　宇扬 24MOS 管双模板控制器故障代码

自诊代码	自诊说明	处理方法
灯闪 1 次	表示电源不稳或掉电检测使能	首先检查蓄电池供电是否正常，电源线是否完好，有无短路或断路。再对控制器电源电路进行检查
灯闪 2 次	表示飞车故障指示	1. 检查转把线束是否连接正确。 2. 检查转把线束是否完好，是否与 5V 电源线短路。 3. 检查 5V 电源是否正常，5V 电源偏高时会出现飞车
转动转把灯闪 3 次	表示电动机堵转并起动保护功能	1. 检查车轮是否应机械原因导致不能正常旋转。 2. 检查三相线束是否连接完好，有无短路或断路。断相，相间短路会引起堵转。 3. 检查 MOS 管的驱动电路，如果驱动不正常也会引起堵转
灯闪 4 次	表示桥臂驱动到输出 MOS 管之间有故障	1. 检查 MOS 管是否完好，有无击穿，烧断。 2. 在换上好的 MOS 管后，也要认真检查以下此 MOS 管的驱动电路，损坏管子的同时也会造成外围元器件的损坏
灯闪 5 次	表示总线通信有故障	检查总线线束是否损坏，有无短路或断路
灯闪 6 次	表示温度检测失败或过温保护	1. 检查车轮是否应机械原因旋转不正常，导致电动车工作在重载状态下，使控制器长时间工作在大电流下发热。 2. 检查二极管 D9，电阻 R49 是否虚焊或已损坏
灯闪 7 次	表示运行中电流过大，进入过电流保护	1. 检查 MOS 管是否有击穿，导致电流过大。 2. 检查运放 LM358 供电是否正常，检查各个元件是否损坏，有无虚焊。 3. 康铜丝是否过长，有无虚焊

★二、主流芯片参考应用电路

（一）LB11820M 主控芯片参考应用电路（如图 6-1 所示）

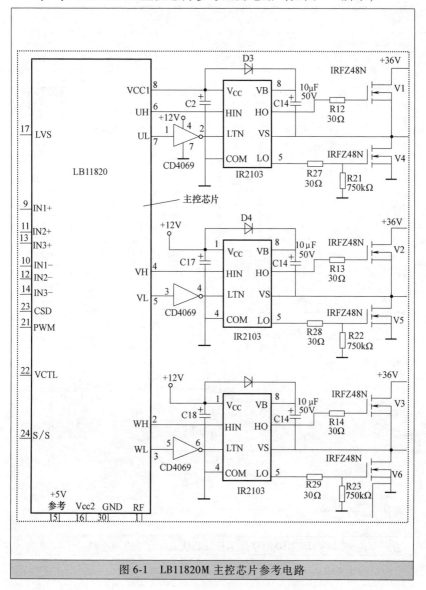

图 6-1　LB11820M 主控芯片参考电路

（二）MC33033 主控芯片参考应用电路（如图 6-2~图 6-7 所示）

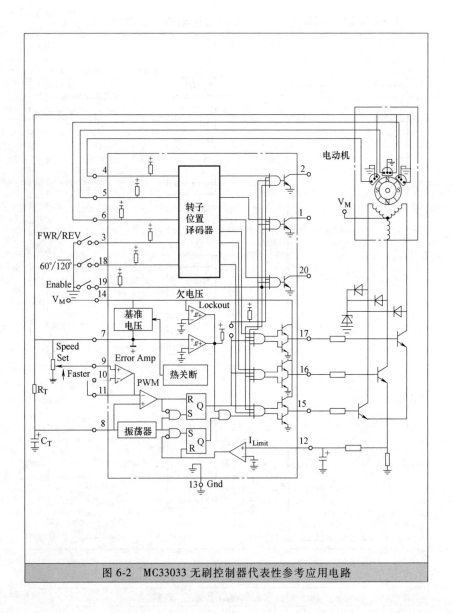

图 6-2　MC33033 无刷控制器代表性参考应用电路

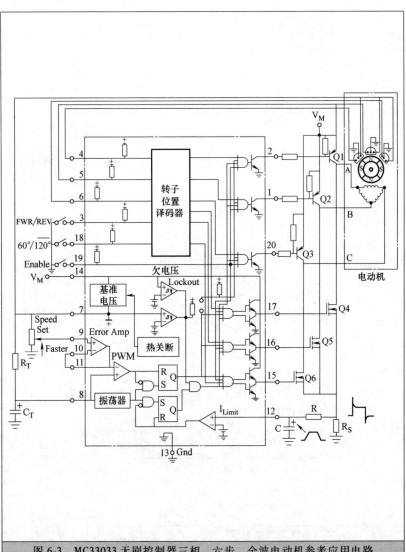

图 6-3　MC33033 无刷控制器三相，六步，全波电动机参考应用电路

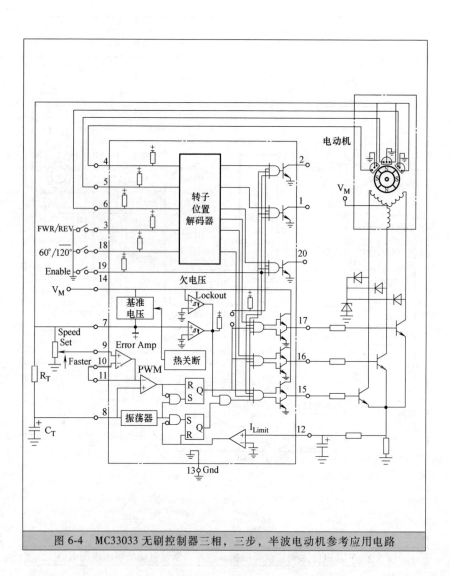

图 6-4　MC33033 无刷控制器三相，三步，半波电动机参考应用电路

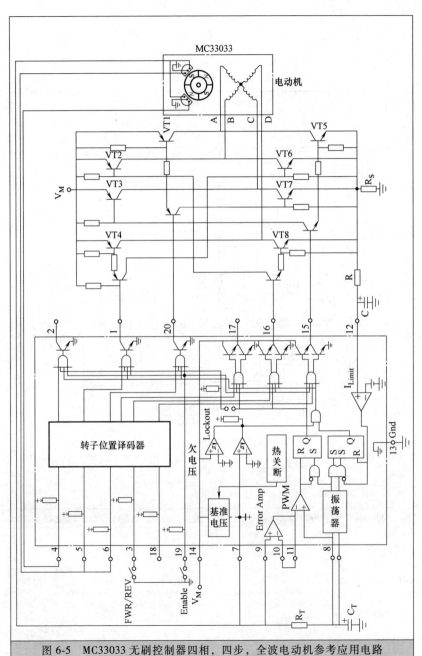

图 6-5 MC33033 无刷控制器四相,四步,全波电动机参考应用电路

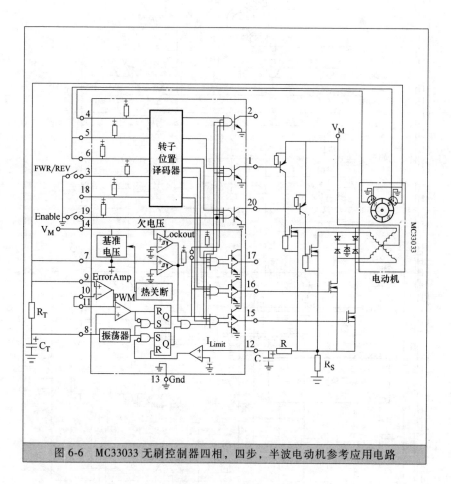

图 6-6　MC33033 无刷控制器四相，四步，半波电动机参考应用电路

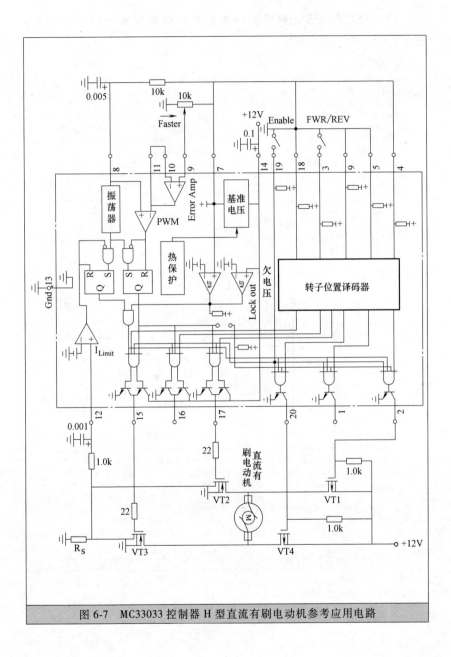

图 6-7　MC33033 控制器 H 型直流有刷电动机参考应用电路

（三）MC33035 无刷控制器主控芯片参考应用电路（如图 6-8 所示）

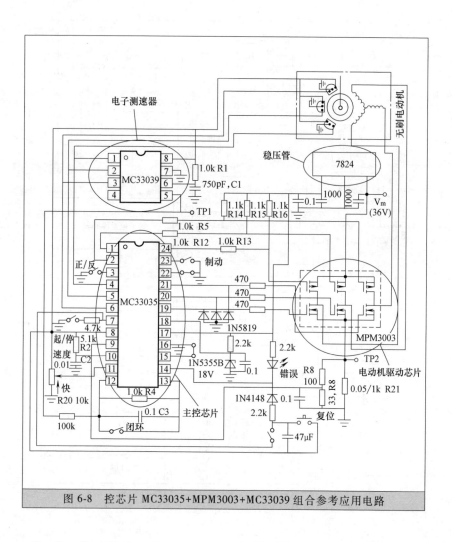

图 6-8　控芯片 MC33035+MPM3003+MC33039 组合参考应用电路

（四）**PIC16C5X 系列电动自行车主控芯片参考应用电路**（如图 6-9 所示）

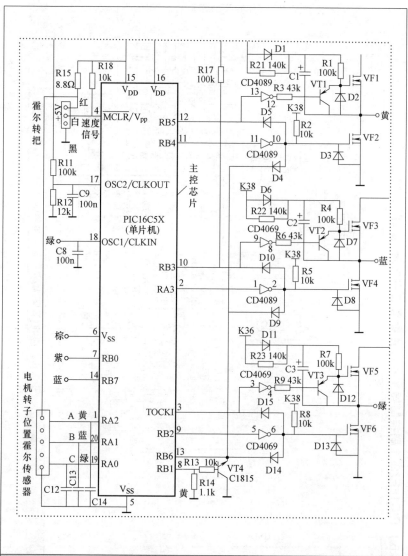

图 6-9　PIC16C5X 主控芯片参考电路截图

（五）PIC16F72 无刷控制器主控芯片参考应用电路（如图 6-10 所示）

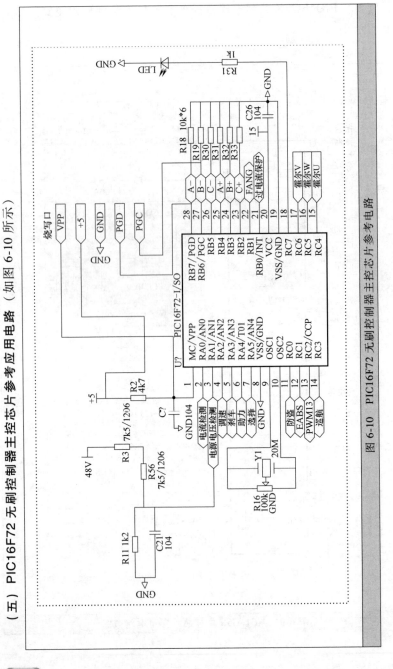

图 6-10 PIC16F72 无刷控制器主控芯片参考电路

（六） SG6840/SG6841 PWM 控制器模块参考应用电路（如图 6-11 所示）

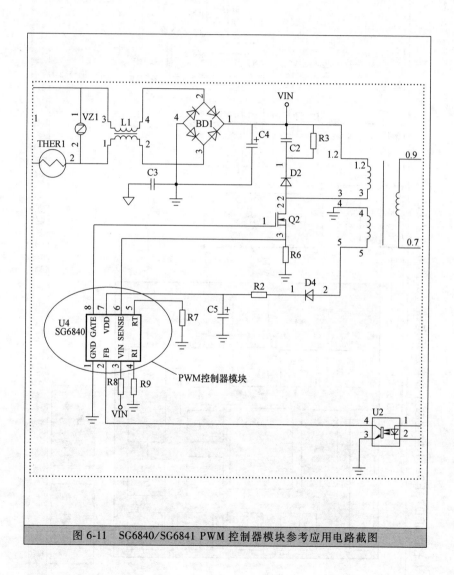

图 6-11　SG6840/SG6841 PWM 控制器模块参考应用电路截图

（七）μPD79F9211 主控芯片参考应用电路（如图 6-12 所示）

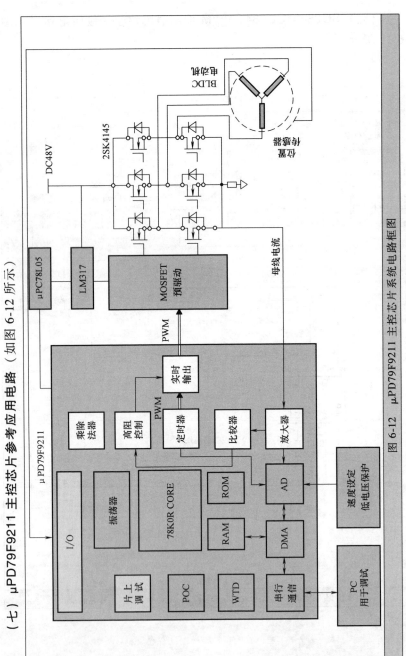

图 6-12　μPD79F9211 主控芯片系统电路框图

（八）瑞萨 R8C/11 主控芯片参考应用电路（如图 6-13 所示）

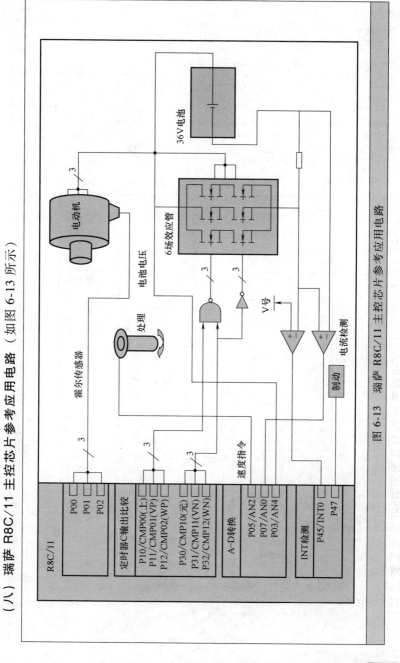

图 6-13　瑞萨 R8C/11 主控芯片参考应用电路

易学快修电动自行车

（九）英飞凌 XC846 主控芯片参考应用电路（如图 6-14～图 6-17 所示）

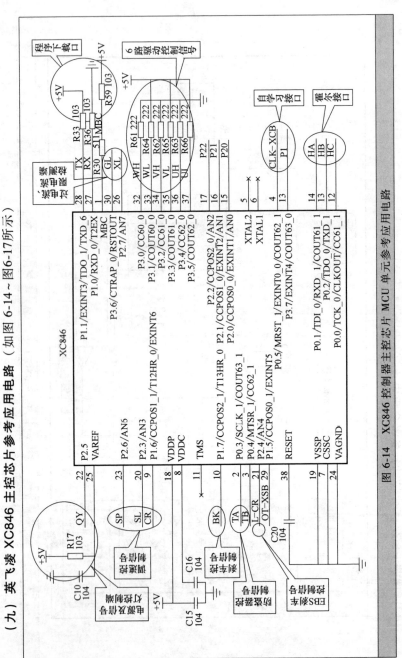

图 6-14　XC846 控制器主控芯片 MCU 单元参考应用电路

268

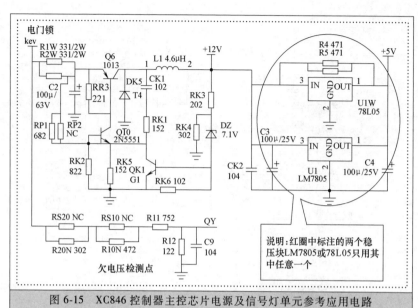

图 6-15　XC846 控制器主控芯片电源及信号灯单元参考应用电路

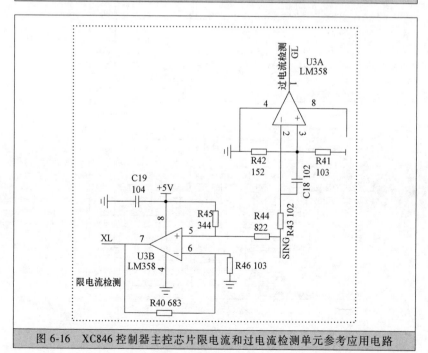

图 6-16　XC846 控制器主控芯片限电流和过电流检测单元参考应用电路

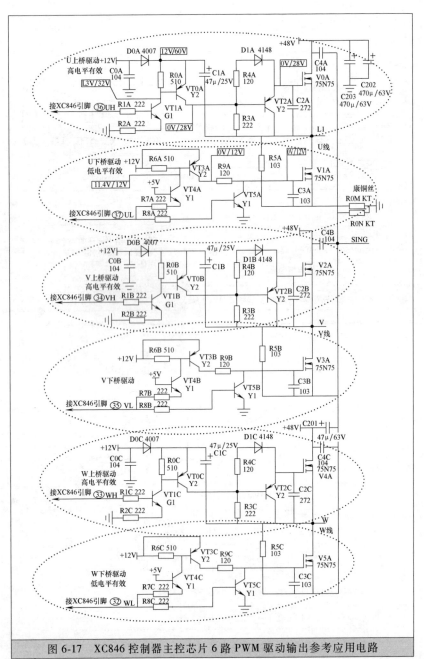

图 6-17 XC846 控制器主控芯片 6 路 PWM 驱动输出参考应用电路

★三、电动自行车通病良方

（一）电动自行车转把故障通病良方

"转把"常见故障有：拧动"转把"车轮不转和不拧"转把"时车轮飞转两种情况。它们分别是由控制极对地或对电源存在软击穿（不一定是短路）故障造成的。

电动自行车"转把"内的元器件有：永久磁钢、弹簧及霍尔传感器，如图 6-18 所示。霍尔传感器是三个元件中最易损坏的，对于拧动"转把"车轮不转故障的维修，多数是因霍尔传感器损坏所致，需要将转把分解，更换线性霍尔传感器即可排除故障。转筒上的磁钢容易脱落造成拧把时有摩擦，可用 502 胶水直接固定。特别要注意，当把磁钢装反时输出电压将变成 4.2～1.1V，因此取下磁钢时最好作个标记。注

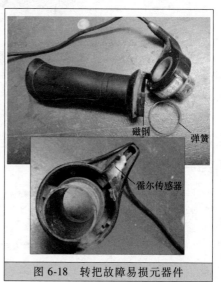

图 6-18　转把故障易损元器件

意，当需要将转筒装回试测时要把四个卡扣拴在一起，防止其卡住套筒。

对于第二种情况：不拧"转把"时车轮飞转。多数情况下，是因雨天骑行造成雨水渗进了 +5V 电源线（一般为红色）和控制信号输出极（一般为绿色或蓝色）引线之间。相当于在霍尔传感器的控制极与电源间并联了一个小阻值电阻，从而引起飞转。此时就要采取措施，否则时间长了，会使霍尔传感器产生永久损坏。而有可能渗进水的地方，一个是传感器引脚处的热融胶没有将引线全部覆盖；另一处是车架下面引线插头进水（用塑料布将其包好即可）。

（二）电动自行车控制器故障通病良方

1. 控制器通病故障分析

控制器的"常见病"有以下几种，如表 6-10 所示。

表 6-10　控制器通病故障分析

故障部位或故障表现	故障实物	故障原因
功率器件损坏		1. 电动机损坏; 2. 功率器件本身的质量差或选用等级不够; 3. 器件安装或振动松动; 4. 电动机过载; 5. 驱动电路损坏或参数设计不合理
控制器内部供电电源损坏		1. 内部电路短路; 2. 外围控制部件短路; 3. 外部引线短路
控制器工作时断时续		1. 器件本身在高温或低温环境下参数漂移; 2. 控制器总体设计功耗大导致某些器件局部温度过高而使器件本身进入保护状态; 3. 接触不良
连接线磨损及接插件不良或脱落引起控制信号丢失		1. 线材选择不合理; 2. 对线材的保护不完备; 3. 接插件的选型不好;线束与接插件的压接不牢

2. 控制器"常见病"的通用处理方法

出现上述故障时，通过测量控制器连接部件或引线的电源电压或信号电压，可分析判断出控制器的故障所在。具体可按如下方法排除。

1) 有刷控制器没有输出。先检查闸把输出信号的高、低电位，如果捏闸把时，闸把信号有超过 4V 的电位变化，则可排除闸把故障。之后，按照有刷控制器常用芯片引脚功能表，与测量出的主控芯片与逻辑芯片的电压值进行电路分析，并检查各芯片外围元器件（电阻、电容、二极管）的数值是否和元器件表面的表识相一致，检查出是外围元器件或是集成电路出现故障。

2）无刷控制器没有输出。无刷控制器电源与闸把的故障可以参考有刷控制器的故障排除方法以排除。

3）飞车。飞车故障一般是由 MOS 管击穿引起的，如果 MOS 管损坏，则可以通过更换同型号的器件来排除故障。

4）有刷控制器部件的电源不正常 控制器内部电源一般采用三端稳压集成电器，一般用 7805、7806、7812、7815 规格的稳压集成电路，它们的输出电压分别是 5V、6V、12V、15V，一般有刷控制器可以通过更换三端稳压集成电路排除故障。

5）无刷控制器完全没有输出。参照无刷控制器主相位检查测量图，如图 6-19 所示。检测电压是否与转把的转动角呈对应关系。如果没有对应关系，表示控制器里的 PWM 电路或 MOS 管驱动电路有故障。参照无刷控制器主相位检查图，测量芯片的输入输出引脚的电压是否与转把转动角度有对应关系，可以判断出是哪些芯片有故障，更换同型号芯片即可排除故障。

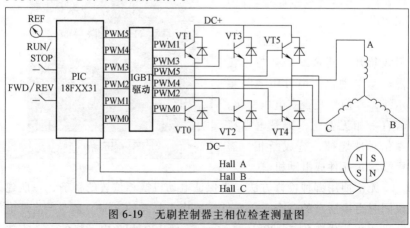

图 6-19 无刷控制器主相位检查测量图

（三）电动自行车电动机故障通病良方
电动机的故障有机械故障与电气故障两大类，机械故障比较容易发现，而电气故障就要通过测量其电压或电流进行分析判断了。常见的电动机故障主要有如下几种情况：

1）电动机内部机械摩擦大，线圈局部短路，磁钢退磁，造成电动机空载电流大。

2）由于电流大，引起电动机发热。

3）整车行驶里程缩短、电动机乏力（俗称电动机没劲）。

4）无刷电动机断相。

上述几种情况，无刷电动机断相故障所占的比率最高，是电动自行车维修故障中的"常见病"。无刷电动机断相一般是由于无刷电动机的霍尔元件损坏引起的。如图 6-20 所示，可以通过如下两种方法维修。

1）可以通过测量霍尔元件输出引线相对霍尔地线和相对霍尔电源的引线的电阻，用比较法判断是哪只霍尔元件出现故障。

2）将电动机与控制器的引线断开，其余线均接好，慢慢转动电动机，用万用表测霍尔线，看信号是否有电压变化，若有一相无变化，则是电动机霍尔元件烧掉，造成断相，需更换霍尔元件或电动机。

图 6-20　检修电动机缺相故障

无论使用哪种检修方法，为保证电动机换相位置的精确，一般建议同时更换所有的三个霍尔元件。更换霍尔元件之前，必须弄清楚电动机的相位代数角是 120°还是 60°，一般 120°相角电动机的三个霍尔元件的摆放位置是平行的。而 60°相角电动机，三个霍尔元件中间的一个霍尔元件是呈翻转 180°位置摆放的。

（四）电动自行车充电器故障通病良方

充电器比较容易损坏的元器件如图 6-21 所示。

图 6-21　充电器易损元器件

充电器的通用检修方法如下所述。

1）首先用眼睛观察比较明显的损坏，查看熔丝是否严重烧毁；电路板有无明显元器件损坏或烧焦发黑；电容是否鼓泡漏液；元器件是否松动脱焊，特别是变压器、滤波电感、输入滤波电容和输出高频电容等。

2）如果无上述明显故障，则给充电器插上电源，用直流电压档测量高压滤波电容上有没有近 300V 左右的直流电压。如果仍是没有的话，则用交流档测量电源进线是否有交流 220V 输入，排除是否因电源线断路引起的故障。

3）如果电源线没有断路，而高压滤波电容上又没有 300V 的直流电压，则说明可能是共模滤波器断路或二极管损坏。

4）如果首先就检查出熔丝损坏，则有可能是桥式整流二极管损坏、滤波电容不良、开关管击穿、取样电阻、UC3842 模块等损坏。

可进一步——检测判别，查到故障点。

★ 四、如何缩短维修时间和减少维修失误

（一）根据故障显示检测电源电压，快速查找故障部位

电动自行车的检修，根据故障显示检测各电源电压，可快速判断故障部位，再结合其他检测可查找到故障元器件。从而有效地缩短维修时间，提高维修效率。

例如，检修电动机不转故障。打开钥匙开关，观察电量显示。若显示正常，直接测量控制器输入 48V 电源，输出 5V 电源（无刷还包括 10~20V 位置传感器电源）。若显示不正常，则测输入 48V 电源。若电压较低，则检查熔丝、钥匙开关、蓄电池盒输出的触点、电源线接头有没有接触不良等；若以上检查正常，则打开蓄电池盒，检查是否蓄电池鼓起、漏液，检查内部接线是否可靠。打磨或更换烧蚀触点，清理紧固电源线，更换钥匙开关，或更换蓄电池，即可排除电源问题。

（二）仔细检查，减少维修失误

失误多数情况是因缺少仔细检查，造成维修失误一般有如下几个方面：

1）经验失误。譬如检修一绿源电动自行车充电器通电无输出，不能充电。通电试机，查大电容两端有 300V 电压，且慢慢下降，凭经验确定为输出端二极管损坏，代换二极管后故障不变，更换电源输出线后正常。原本是简单的故障，因为经验的思维定势而误入歧途，单凭经验有时会把我们导向更深的误区。

2）对转修机不做详细检查。对转来的"二手机"或电路板应先检查之前维修工所焊接部位，所换元器件是否正确，然后再进一步检修。这样可以少走不必要的弯路，提高维修效率。

3）对元器件参数不熟悉造成的失误。对电路的元器件参数认识不够清晰，随意进行代换，会造成机器设备性能改变，甚至发生更大的故障。

4）对元器件仅做简单检测或对新元器件不检测就直接上机。建议新元器件特别是电源管、光耦合器、整流桥要上机进行老化试验，或尽可能选用拆机件。换件后要对机器的各项性能和电压进行观察、检测。

读者需求调查表

亲爱的读者朋友：

您好！为了提升我们图书出版工作的有效性，为您提供更好的图书产品和服务，我们进行此次关于读者需求的调研活动，恳请您在百忙之中予以协助，留下您宝贵的意见与建议！

个人信息

姓名：		出生年月：		学历：	
联系电话：		手机：		E-mail：	
工作单位：				职务：	
通讯地址：				邮编：	

1. 您感兴趣的科技类图书有哪些？

□自动化技术　□电工技术　□电力技术　□电子技术　□仪器仪表　□建筑电气
□其他（　　）以上各大类中您最关心的细分技术（如 PLC）是：（　　　　）

2. 您关注的图书类型有：

□技术手册　□产品手册　□基础入门　□产品应用　□产品设计　□维修维护
□技能培训　□技能技巧　□识图读图　□技术原理　□实操　　　□应用软件
□其他（　　）

3. 您最喜欢的图书叙述形式：

□问答型　　□论述型　　□实例型　　□图文对照　□图表　　□其他（　　）

4. 您最喜欢的图书开本：

□口袋本　　□32 开　　□B5　　　□16 开　　□图册　　□其他（　　）

5. 购书途径：

□书店　□网络　□出版社　□单位集中采购　□其他（　　）

6. 您认为图书的合理价位是（元/册）：

手册（　　）　　　图册（　　）　　　技术应用（　　）　　　技能培训（　　）
基础入门（　　）　　其他（　　）

7. 每年购书费用：

□100 元以下　□101～200 元　□201～300 元　□300 元以上

8. 您是否有本专业的写作计划？

□否　　□是（具体情况：　　　　）

非常感谢您对我们的支持，如果您还有什么问题欢迎和我们联系沟通！

地址：北京市西城区百万庄大街 22 号　机械工业出版社电工电子分社　邮编：100037
联系人：张俊红　联系电话：13520543780　传真：010-68326336
电子邮箱：buptzjh@163.com（可来信索取本表电子版）

编著图书推荐表

姓名		出生年月		职称/职务		专业	
单位				E-mail			
通讯地址						邮政编码	
联系电话			研究方向及教学科目				

个人简历(毕业院校、专业、从事过的以及正在从事的项目、发表过的论文)

您近期的写作计划有:

您推荐的国外原版图书有:

您认为目前市场上最缺乏的图书及类型有:

地址:北京市西城区百万庄大街 22 号　机械工业出版社电工电子分社
邮编:100037　网址:www.cmpbook.com
联系人:张俊红　电话:13520543780/010-68326336 (传真)
E-mail:buptzjh@ 163.com (可来信索取本表电子版)